당신의 출근은 안녕하신가요?

당신의 출근은 안녕하신가요?

✽✽✽✽✽✽✽

오늘도,
내일을 만들어가는
사람들의 이야기

이해원	문미영	박혜지
서온	오햇살	정하연
박혜영	퇴근한PD	문순천
신지은	최은혜	김민

프롤
로그

🌱 당신의 출근은 안녕하신가요?

제가 다니는 직장은 셔츠를 입거나 구두를 신을 필요가 없습니다. 유니폼을 챙기거나 머리를 정돈할 필요도 없습니다. 점심을 같이 먹을 상사도, 일을 도와줄 동료도 없습니다, 월급을 주는 사장도, 급여를 지불할 직원도 없습니다.

저는 매일 아침 거실로 출근합니다. 아침에 눈곱만 떼고 노트북을 켭니다. 발코니를 채운 햇살을 바라보며 문장을 써 내려갑니다. 작가라 말하는 것은 쑥스럽고 집에서 무슨 일을 하는지 설명하려면 복잡합니다. 모르는 사람들에게는 굳이 말하지 않습니다. 편집자의 일은 또 어떻게 설명해야 할까요.

오전 내내 원고에 머리를 박고 있다가 바람이라도 잠깐 쐬자 싶어 나가지만 공원 운동 기구에서조차 오탈자가 먼저 눈에 들어오고 주술 호응이 되는지를 살피는 강박적인 삶을 어떻게 이야기할까요.

프리랜서가 백수와 어떻게 다른지를 도대체 어찌 설명해야 할까요. 프리랜서의 삶. 출근하지 않으니 좋겠다지만 퇴근의 기쁨도 없습니다. 일 년 내내 휴가라 착각하지만, 오히려 방학이 없는 삶입니다. 모든 곳이 놀이터지만 동시에 모든 곳이 감옥입니다.

글쓰기를 업으로 삼으니 '독서'마저 '일'이 되어버렸습니다. 유일한 벗이 '일로 만난 사이'로 서먹해져 버렸습니다. 밤이 되어야 나를 위한 책을 읽습니다. 기백이 넘치는 인간이라서 프리랜서의 삶을 선택한 건 아닙니다. 대단한 업적을 이루겠다는 각오도 없었습니다. 그저 글을 쓰며 살고 싶었을 뿐입니다.

저는 매일 거실로 출근해 침실로 퇴근합니다. 사람들로 가득한 지하철이나 꽉 막힌 도로 위에서 도대체 이 많은 사람들이 어디로 그리 바삐 가는지 궁금했던 적 없으신가요? 저는 항상 타인의 출근이 궁금했습니다.

'당신은 어디로 출근하시나요?' 회사? 공장? 식당? 도서관? 서점? 택시? 시청? 가구점? 마트? 꽃집? 숲? 요양원? 동물원? 어린이집? 별거 아닌 일이라고, 흔해 빠진 직업이라고 생각하신다면 오산입니다. 우리는 자신이 살아가는 세상에 너무나 익숙해져 버렸기에, 내가 살아가는 세상이 타인에게는 낯설고 근사한 이야기라는 걸 상상하지 못할 뿐입니다.

그토록 별거 아닌 일들이 우리의 세상을 지탱합니다. 대단한 사람들의 이야기만 책이 된다면 도서관과 서점은 아마 텅 비어 있을 겁니다. 보통의 우리가 쓰고 평범한 우리가 읽는 겁니다.

매일 학교에서 아이들의 이야기를 들어주는 전문상담교사, 타인의 생과 자신의 삶을 지키려 애쓰는 간호사, 두 번의 암 투병을 겪으면서도 발달 장애 아이를 위해 올빼미가 된 엄마, 혈액암을 딛고 커리어를 이어가는 IT 회사의 인사 담당자, 아이들에게 논술을 가르치는 선생님, 통번역사의 꿈을 꾸는 작가, 때로는 PD가 되고 때로는 마케터가 되는 N잡러, 지금은 여행사

직원이 된 스킨스쿠버 다이빙 강사, 장애 통합 교사에서 제과제빵 전문 강사가 된 싱글맘, 독립서점 대표가 된 화가, 평생교육원 교수가 아파트 공사장에서 일하게 된 사연까지.

이곳에 우리 이웃의 '출근'을 담았습니다. 세상을 지키는 건 영화나 소설 속 영웅들이 아닙니다. 이토록 평범한 사람들이 우리의 세계를 지탱하고 있습니다. 그러니 이것은 단순히 출근에 대한 이야기가 아니라 우리를 둘러싼 세계에 대한 이야기입니다. 오늘도 자신의 자리에서 내일을 만들어가는 사람들에 대한 이야기이기도 합니다.

당신 역시 하나뿐인 이야기의 주인공입니다. 꽃이 제 향기를 맡지 못하듯, 별이 제 반짝임을 보지 못하듯 스스로 읽을 수 없을 뿐 당신의 삶은 눈부십니다. 우리 이웃의 이야기를 읽어나가며 당신의 일상에 깃든 빛을 발견하길 바랍니다. 일상에 능숙해지되 결코 익숙해지지 않기를 바랍니다. 작은 것들을 사랑하는 커다란 매일이기를 바랍니다.

이 세상을 지탱하는 히어로. 당신의 출근을 응원합니다.

- 기획 작가 김민

목차

프롤로그   4

I
재탄생, 내 삶의 두 번째 카드 : 이해원
13

II
오늘도 생의 경계선으로 : 서온
35

III
듣는 사람, 함께 걷는 사람 : 박혜영
55

IV
낭만 여대생, 올빼미 엄마 : 신지은
77

V
언어는 달라도 마음은 통한다 : 문미영
99

VI
햇살 아래 나무처럼 자라는 아이들 : 오햇살
117

VII
안녕하세요. 이야기 팔러 왔습니다 : 퇴근한PD
135

VIII
어제의 사명, 내일의 희망 : 최은혜
155

IX
인사 DREAM니다 : 박혜지
175

X
지구의 3분의 2는 바다니까요 : 정하연
195

XI
무지개를 그리는 화가 : 문순천
215

XII
읽는 기쁨, 쓰는 보람 : 김민
235

에필로그   *254*

재탄생, 내 삶의 두 번째 카드

이해원

이해원

꼭 지켜내고 싶었던 결혼 생활 19년을 분리수거한 뒤,
두 아이를 키우는 엄마로서 온갖 일터를 전전했다.
사람답게 살아보고자 미술 치료를 공부하고
상담학 석사 과정을 수료했다.
숨을 쉬고자 시작한 타로 상담은 이제 내 삶의 중심이 되었다.
현재는 한국타로교육협회 교육부 위원장이자
평생교육원 타로 상담사 자격 과정 교수,
프리랜서 출강 강사로 활동하고 있다.
때로는 씩씩하게, 때로는 애처롭게,
그리고 여전히 희망을 품은 채 살아가고 있다.

네이버 블로그 "타로 마음 이발관"

재탄생,
내 삶의 두 번째 카드

✽ ✽ ✽ ✽ ✽ ✽

섬유 설계 디자인과를 졸업하고 사회에 첫발을 디뎠다. 처음 들어간 회사에서 전남편을 만났다. "어? 회사에 저렇게 깔끔한 사람이 있었네요?" 무심코 꺼낸 한마디가 내 인생을 19년짜리 덫으로 끌어들일 줄은 꿈에도 몰랐다.

정확히 언제부터였는지는 기억나지 않는다. 아마 첫 아이를 낳고 난 이후, 어느 즈음부터였던 것 같다. 어느 순간, 전남편은 점점 거칠어졌다. 아니, 어쩌면 내가 처음으로 술의 민낯을 본 것일지도 모른다.

우리 집안 어른들 중에는 술을 드시는 분이 없었다. 술에 취해 사람이 변하는 모습을, 처음 마주했다. 집에서는 짐승 같았다. 하지만 사회에서는 누구보다 잘 나가는 사람이었다. 매너 있고 성실한 모습, 마치 만인의 연인 같았다.

술자리는 끊이지 않았다. 그의 파티가 짙어질수록 시퍼런 욕설을 귀 밑까지 걸어 올리며 뱉어댔다. 아이들과 함께 두려운 밤을 지새웠다. 술이 깨면 "진심이 아니었다."라며 뱀처럼 혀를 굴려댔었다.

내 모든 게 무너지고 있었다. 사람답게 살고 싶었다. 그저 숨을 쉬고 싶었다. 내가 좀 더 나은 사람이 되면 나아질까? 이상하게도 내 삶을 끝까지 지켜내고 싶었다. 죽고 싶지 않았다. 이 고비를 잘 넘겨서 누군가에게 희망이 되어주고 싶었다. 배움의 길을 시작했고 끊임없이 노력했지만 술을 끊게 할 수는 없었다.

코로나19로 사업에 빨간불이 들어오자 전남편은 술을 끼고 살았다. 하늘이 날 살리려 했던 걸까. 2024년 7월 11일, 세상에서 가장 큰 생일 선물을 받았다. "네 짐만 싸서 당장 나가!" 비로소 나를 꽁꽁 묶고 있던 족쇄가 풀렸다.

덩실덩실 춤이라도 추고 싶었지만 돈을 벌어야 했다. 물론 이혼 전에도 강단에 서면서 짬짬이 아르바이트를 했었다. 서빙, 입주 청소, 플리마켓 판매 등등. 그중에서도 물류 창고 택배 포장 일은 차원이 달랐다. 두 달 동안, 내 이름은 한 번도 불리지 않았다. 늘 "저기요."였다.

정직원 아줌마들의 텃세는 어이없을 정도였다. 아침 10시에 출근해서 저녁 7시에 퇴근했지만 쉬는 시간은 점심시간 30분과 중간 10분이 전부였다. 그 시간에도 알바생들은 어디든 구석에 몸을 기대야 했다.

그 사이, 정직원 아줌마 군단은 2층 계단에서 흥흥거리는 콧소리를 내며 모가지를 꼿꼿이 세운 채 1층으로 내려왔다. 옛날 드라마 〈꽃보다 남자〉의 F4 등장도 그만큼은 아니었을 거다. 대기업 임원들도 그렇게는 안 내려오겠다 싶었다.

어린이날 대목 앞이라 물량은 폭발했다. 일을 마치면 뼈마디가 다 분리되는 기분이었다. 그만둘 즈음에는 손가락조차 구부릴 수 없을 정도였다. 무거운 상자를 싸고 테이핑을 미친 듯이 하다 보니 손이 굳어버렸다. 공업용 롤 테이프가 그렇게 빨리 사라질 줄은 몰랐다. 미친 듯이 싸고 날랐다. 뜨거운 물에 손을 담글 때마다 마디마디가 잘려 나가는 느낌이었다. 혹시라도 감각이 돌아오지 않을까 두려워서 펑펑 울었다. 싸구려 텃세와 험한 노동에 비해 시급은 보잘것없었기에 알바생들은 계속 바뀌었다.

이혼하고 몸만 챙겨 나온 내 손을 잡아준 분이 있었다. "돈 벌러 가자." 아무것도 모르는 나를 이끌고 아파트 공사 현장 도장팀에 합류시켜 주셨다. "아무나 못 들어와. 여긴 일급이 쎄, 바짝 해서 돈 벌면 목돈 구할 수 있어. 가보자! 내가 도와줄게." 구세주였다.

2024년 한여름, 나는 얼굴과 바꿔 돈을 벌었다. 구멍이란 구멍은 다 열렸다. 땀은 한없이 흘렀고, 모공은 닫히지 않았다. 첫 현장은 경남 양산의 아파트였다. 준공 마지막 단계, 하자 점검과 보수 기간이었다. 거의 다 지어진 아파트라 피부만 포기한다면 버틸 만했다.

붓질을 하는 사이 전남편의 연락이 쏟아졌다. 차단해도 소용없었다. 휴대폰 판매업을 하던 그는 번호를 계속 바꿔 전화를 걸어왔다. 나는 어떤 전화도 받을 수 없었다. 혹시 그놈 목소리가 들릴까 봐.

　내가 받지 않자 그는 아버지에게 전화를 걸었다. "부부싸움 중 홧김에 한 말이었다. 이혼은 위장이고, 가짜다. 돌릴 수 있다. 집 나가라 한 건 그냥 에피소드였다." 그래. 그에게는 모든 게 에피소드였다. 19년의 시간조차….

　원래도 간이 콩알만 해서 작은 소리에도 놀라던 나였다. 말보다 눈물을 먼저 쏟던 나였다. 집을 나왔다고 마음이 편해질 리는 없었다. 나는 여전히 두려웠다. 그 모든 불안과 괴로움을 정신없이 현장을 오르락내리락 거리고 쉴 틈 없이 붓질을 해대며 태우려 했다.

　먼지 섞인 밥이 그렇게 맛있을 수가 없었다. "나중에 이 밥 그리울걸?" 식당 이모님은 늘 웃으며 그렇게 말했다. 맞다. 그건 진짜 세상에서 가장 맛있는 밥이었다. 양산 식당의 이모와 사장님은 내가 미혼 아가씨인 줄 아셨다. 그래서 장가 안 간 마흔 살 아들과 다리를 놓아주고 싶다고 했다. 하지만 곧 아들이 대학에 간다는 말을 듣고는 두 분 모두 입이 턱 밑까지 떨어졌다.

　대한민국 건설 현장에는 젊은 사람들이 거의 없다. 외국인

노동자들이 대부분이다. 더군다나 젊은 여성 노동자들은 말 그대로 귀했다. 그래서였을까? 험한 일을 하고도 매일 생글생글 웃으며 밥 한 그릇을 뚝딱 비워내고, 싹싹하게 인사까지 잘하니 독보적인 캐릭터가 되어 있었다.

나는 '도장계의 뉴진스'라는 웃음 섞인 별명을 얻었다. 양산 현장을 마치고 대구 현장으로 넘어왔다. 세상에, 양산은 호텔이었구나…. 기본 골조만 겨우 세워져 있는, 그야말로 진짜 '쌩날' 것이었다. 화장실조차 없었다. 층마다 벽에 붙은 간이 소변기가 전부였다. 수많은 인부들의 배설물은 역류했고, 말로 설명도 안 되는 냄새가 덤처럼 따라왔다.

엘리베이터? 당연히 없었다. 아파트 이벽에 철조망 같은 게 붙어 있었는데, 그걸 '카'라고 불렀다. 처음에 덜덜거리는 카를 타고 허공을 40층 이상 날아오를 때는 너무 무서워 오줌을 지릴 뻔했다. 고소공포증까지 있어 이를 악물고 두 눈을 질끈 감았다.

일이 너무 고되어서였을까. 반나절 만에 고소공포증이 사라질 리는 없는데 허공에 떠 아래를 내려다보니 세상이 좆만 했다. "선생님… 하하하! 세상이 좆만 해요! 아무 문제가 아니에요. 여기 매달려 아래를 보니, 진짜 좆만 해요!" 왜 그 수많은 단어 중, 하필 그 말이 불쑥 튀어나왔을까? 나는 원래 그런 사람이 아니었다. 그런데도 그 순간 세상에서 가장 기쁘고 해맑은, 호탕한 웃음이 터져 나왔다. "그래. 세상은 좆만 해. 다 별것 아니야. <u>흐흐흐</u>."

어느 날, 양산에서 대구로 넘어오기 전 주말이었다. 반나절을 청소하고, 국수 한 그릇 하러 나서는 길. 차 스마트키를 눌렀다. 아무 대답이 없었다. '분명 저기 세워놨는데. 이상하다…. 에이, 설마?'

그 설마가 사람을 잡았다. 동네 언니에게 전화를 걸었다. "언니, 혹시 아파트 단지에 내 차 주차돼 있는지 봐줄래?" 잠시 후, 언니의 비명 같은 목소리가 날아왔다. "야! 니 차가 여기 왜 있어!!!"

그렇다. 전남편이 밤사이 차를 견인해 가버린 것이었다. 내가 유일하게 가지고 나온 차. 그래, 명의가 전남편이었다. 손과 발, 모든 걸 묶어두면 결국 내가 돌아올 거라 생각했을까? 상상조차 못 했던 '견인'이었다.

그날 밤, 엄마와 함께 택시를 타고 가서 주차된 차에서 짐을 내렸고 열쇠를 두고 돌아섰다. 이제야 깨끗하게 정리된 것 같았다. 오히려 홀가분했다. 그리고 다행이었다. 보지 않아야 할 마지막 바닥까지 다 보고 나니 내 선택이 더 멋지게 느껴졌다.

사람들은 말했다. "아이들 양육권은 네가 가졌잖아. 양육비는 받아야지. 소송을 해." 말은 쉽다. 왜 다 두고 나왔냐며, 다시 법으로 싸우라 한다. 하지만 나는 더는 엮이고 싶지 않았다. 넌더리가 났다. 소송 과정을 거치며 다시 그 인간과 엮이는 상상만으로도 치가 떨렸다.

"따뜻한 보금자리 부탁드려요. 우리 큰아이 지켜주세요." 전날, 절에 들러 산신님께 간절히 기도한 덕일까. 유레카! 내가 가진 돈으로 방 세 칸짜리 집을 구할 수 있었다. '하나는 아이 쓰고, 하나는 옷 두고, 하나는 내가 쓰고… 야호!' 월세 계약을 하던 날, 임대 계약서를 품에 꼭 안았다. 그리고 펑펑 울었다. 또 하나의 산을 넘은 내가 그 순간만큼은 참 대견했다.

집은 구했지만 옷가지 말고는 수저 하나 없었다. 그래도 좋은 세상 아닌가. 사람들이 많이 쓰는 당근을 열심히 뒤졌다. 내가 쓸 물건들은 모두 중고로 채워도 괜찮았다. 하지만 딸아이 방만큼은 새것으로 해주고 싶었다. 50년도 넘은 아파트는 방이 세 개라는 메리트 외에는 몰골이 엉망이었다.

계약할 때 말했다. "집을 제가 수리해서 살아도 될까요? 저 페인트칠도 잘해요. 말끔하게 살다가 뒤에 들어올 세입자 기분 좋게 해드릴게요." 그 모든 건 딸아이를 위한 마음이었다. 내가 가진 돈으로 구할 수 있는 집은 한정적이었다. 그래도 아이를 이런 말도 안 되는 환경에 그냥 두고 싶지 않았다. 같은 동에서 우리 집이 가장 새집이 되었다. 내 손으로 말끔하게 변신시킨 우리의 스위트홈.

본업과 알바로 삶을 채워 나갔다. 새벽 알바는 시급이 더 셌다. 개성주악 제조팀에서 일을 시작했다. 새벽 두 시, 요란스러운 알람이 울어대기 전에 잽싸게 꺼버리곤 했다. 뜨끈한 전기장판을 더 누리고 싶어 꾸물거리다 2시 20분에야 몸을 일으켰다. 첫날엔 세수하고 선크림까지 바르고 나갔지만 곧바로 깨달았다. 최소한의 치장도 무의미하다는 걸.

다음 날부터는 양치만으로도 충분했다. 예의상 눈곱만 떼고

침만 안 흘렸으면 됐다. 아직도 자고 있는 뇌를 깨우기 위해 커피믹스를 마셨다. 개성주악. 한과의 일종으로 찹쌀가루나 멥쌀가루, 밀가루를 섞어 막걸리나 소주로 반죽해 둥글게 빚는다. 그걸 기름에 튀겨 조청에 적신다. 백화점에 납품되고 매장에서 팔린다. 드럼통 같은 기계에서 대량으로 튀겨내는 줄만 알았다.

그런데 세상에 손이 얼마나 많이 가는지… 온도가 조금만 달라져도 반죽들이 "우리는 절대 헤어질 수 없다."며 엉겨 붙는다. 그 순간 폭망! 다른 도구는 없다. 오로지 나무젓가락 하나로 이들의 끈적한 사랑을 갈라놔야 한다. 이들의 품격을 지켜야 하기에 최선을 다해 젓가락 신공을 펼쳐보지만, '젠장!' 오늘은 타이밍을 놓쳤다.

"이건 다 버려야겠다." 선배 언니의 매서운 눈빛이 꽂힌다. 속은 상했지만 배는 고파왔다. 짭짤한 된장찌개에 청양고추 팍팍 넣고, 보글보글 끓는 국물 한 숟갈. 생선도 한 마리 구워 발라 먹고 싶다. 침이 꼴깍 삼켜졌지만, 배고픔은 사라지지 않았다. 자칫 잘못하면 태워 먹는다. 다시 젓가락을 움켜쥐었다.

몸을 너무 썼는지 컨디션이 쉽게 돌아오지 않았다. 피로감이 나를 억지로 눌러 굽히는 더러운 기분이었다. 자고 일어나니 오른쪽 어깨가 들리지 않았다. '병원이라도 가볼까?' '아니, 이달 생활비도 간당간당한데… 엑스레이 찍고 기본 몇만 원에….'

머릿속으로 계산기를 두드리다 절레절레 고개를 저었다. 파스 한 장 붙이고 주섬주섬 옷을 껴입는데 서러움이 몰려왔다. 서러움이 나를 삼키기 전에 정신 차리자며 미친년처럼 웅얼거렸다. "지금 이것도 얼마나 감사한 거야. 감사합니다." 그러나 감사는 멀리 가지 못했다.

그날은 결국 주저앉아버렸다. 사우나라도 가볼까? 저녁 아르바이트를 마치고 딸아이와 함께 사우나에 입성했다. 나는 원래 사우나를 좋아하지 않았다. 청결에 예민한 나에게 사우나는 탐탁지 않은 공간이었다.

그런데 이게 무슨 일인가. "와, 세상에… 녹는다. 녹아버린다." 물에 젖은 카스텔라처럼 스르르 몸이 풀어졌다. 딸아이가 집에 가기 전에 감자탕을 먹자 했다. 씻고 나와 주섬주섬 옷을 챙겨 입는데 딸아이가 웃음을 터뜨렸다. "엄마, 이게 실화야?

이러고 감자탕집 가?"

갈색 뜨개 카디건, 늘어진 분홍 박스 티셔츠, 꽃무늬 민트 파자마, 딸아이가 신다 던져둔 연보라 크록스까지… 총체적 난국이긴 했지만 그래도 시원한 맥주 한잔 마시고 싶었다. 차를 세우고 감자탕 가게로 향하는데 너무 신이 났다. 너무 개운했다. 머리카락이 덜 말라도 상관없고 바지가 얇아서 바람이 다 들어와도, 맨발이라 발가락이 시려도 상관이 없었다.

벼랑 위에서 장미꽃 하나 손에 들고 심취한 바보가 이런 기분이었을까? 세상이 다 내 것 같았다. 너무 신이 나니 발이 땅에 닿지 않고 나는 기분이었다. "이모, 카스 한 병 주세요!" 19년 결혼 생활 동안 한 번도 경험하지 못한 자유였다. 너무 시원했다. 너무 맛있었다. 시급 1만 원, 알바비가 다 날아간다 한들 상관없었다. "이모, 카스 한 병 더 주세요!" "엄마, 오늘 달리네?"

그렇다. 내 주량은 맥주 한 병, 나는 달리는 게 맞다. 배시시 웃으며 먹는 딸아이를 보니, 고맙고 미안한 마음이 밀려왔다. 얼마 전부터 붕어싸만코 아이스크림이 먹고 싶다 노래를 불렀더니 "엄마, 여기 바로 옆에 편의점 있는데 우리 아이스크림 사서 갈까?" 남산만 한 배를 잡고 "어휴~~ 배가 터지겠다."라고 중

얼거렸지만 어느새 냉장고 앞이었다.

우린 0.1초도 고민하지 않고 아이스크림 껍질을 벗겨서 한 입 베어 물었다. "엄마, 너무 춥다." "응, 진짜 추워." "엄마 담에 우리, 양말은 신어야겠다." "응! 그러자 양말은 신자." 끝없는 웃음을 부여잡고 집으로 향했다.

이제는 의젓한 청년이 된 첫째가 우리를 맞아주었다. 무지렁이에 철없는 엄마를 만나, 나와 함께 자라야 했던 첫째. 중학교 2학년 무렵, 아들의 뒷모습에는 서러움이 가득 고여 있었다. 유난히 말수가 적었던 내 첫아이. 부족했지만, 최선을 다해주고 싶었던 내 아이. 그 아이의 빛이 사라지고 있었다.

밖에서는 상담 선생님이랍시고 "힘내라, 할 수 있다."라며 온갖 응원과 격려를 전했지만, 정작 내 아이의 빛이 꺼지고 있는지조차 몰랐다. 아니, 어쩌면 알면서도 외면했는지 모른다. 일곱 살 무렵 시작된 둘째 아이의 틱 증상, "동생이 아프잖아, 조금만 이해해주라." 그렇게 내가 아이의 이야기를 먹어버린 것 같았다.

아이 앞에 무릎을 꿇었다. "미안하다. 엄마가 정말 미안하다. 우리 아들 마음이 이렇게 아픈 걸 이제야 알았어. 엄마가 너무 미안하다." 함께 울었다. 닭똥 같은 눈물이 한없이 쏟아졌다. 그날 이후 나는 다짐했다. 나는 열렬한 아들의 0호 팬이 되리라. 아들이 원할 때, 반드시 손잡아주는 엄마가 되리라!

공부에 흥미가 없던 아들은 고등학교 입시를 앞두고도 책상에 오래 앉지 못했다. 덕분에 도보 10분 거리의 인문계 학교들을 등지고 시골 외각으로 버스를 타고 등교를 했다. 고등학교에 보내며 아이와 약속했다. "공부 안 해도 돼. 대신 네가 하고 싶은 걸 찾아봐. 좋아하는 거, 하고 싶은 거 찾아서 즐겁게 살아봐. 행복하면 뭐든 다 해낼 수 있어. 단, 약속 하나만 하자. 타인에게 피해를 주거나, 범법행위는 절대 안 돼. 그거 하나만 지키면, 네가 뭘 하든 엄마는 다 좋아. 네가 어떤 일을 하고, 어떻게 살아도, 엄마는 네 엄마야. 엄마는 널 믿어. 물론 절대 그래선 안 되겠지만, 설령 네가 범죄자가 되더라도, 너는 내 아들이야. 하지만 엄마는 안다, 네가 그렇게 살지 않을 거라는 걸. 그러니 이제, 우리 행복하게 살아보자."

아이와 손가락을 걸고 약속했다. 그 순간, 나는 지구 최강의 방탄복을 입었다. 나는 내 아이를 지켜야 했다. 고지식한 전남편은 본인이 배움의 끈이 짧았던 탓에 공부 잘하는 아이를 바랐다. 공부 말고는 고생길뿐이라 여겼다. 빠릿빠릿하지 않은 아들은 그의 눈엔 늘 한심하고 답답할 뿐이었다. "애새끼들이 공부하는 꼴을 못 본다!" "때려 패서라도 공부를 시켜라!" 일 그만두고 애새끼들 케어나 똑바로 하라고 했다.

고등학교 입학과 동시에 대한민국 아이들은 학원 경쟁에 뛰어든다 했다. 하지만 나는 모든 걸 끊었다. 컴퓨터 앞에서 소리 지르며 게임하는 내 아들을 사랑했다. "아들, 레벨업 했냐? 열심히 해! 레벨업 해야지!" 간식과 밥을 코앞까지 나르며 응원했다. "우리 동네 BTS다!" 기름에 떡진 머리를 쓰다듬으며, 나는 외쳤다. "잘생겼다. 진짜 잘생겼다. 누구 아들인데 이렇게 잘생겼냐. 엄마는 네가 너무 좋다."

독설을 퍼붓던 전남편에게도 말했다. "시간을 줘. 내 아이를 바로 세워볼 테니. 결과로 보여줄 테니 기다려 봐." 나는 그저 계속 사랑했다. 공부 안 하니? 시험 성적이 어때? 단 한 번도 묻지 않았다. 단 한 번도 의심하지 않았다.

고등학교 2학년, 다들 입시 전략이 어쩌니 말할 때 나는 신경 쓰지 않았다. 그저 아이가 급식을 잘 먹고, 수업 시간엔 선생님에 대한 예의상 잠만 자지 않기를 바랐다. 하지만 녀석은 당당하게 잠도 잘 자고 돌아왔다.

"아들, 하고 싶은 거 찾았어?" "아직 모르겠어. 근데 엄마, 나는 잘 살 자신 있어." 그 말이 나를 충전시켰다. 그런 아들이 대학을 가겠다고 했다. 흘러가는 말로 "아들, 너는 간호사를 하면 적성에 잘 맞을 것 같은데, 남자 간호사 어때?" "간호조무사로 시작해도 좋고, 나중에 대학 가도 돼. 군대 갈 때도 유리하잖아."

공부를 전혀 하지 않았기에 간호사는 어려울 수도 있겠다 싶어 간호조무사를 앞세웠는데 어느 날 아이가 성적표를 들이밀었다. "엄마, 나 내신을 신경 써서 등급이 많이 올랐어! 선생님이 나 조금만 더 신경 쓰면 대학 가능하다고 했어. 나 많이 놀았기 때문에 이제는 공부해야 할 거 같아. 1년 바짝 해서 대학 가지 뭐."

오! 부처님, 하나님, 신이시여! 내 아들은 학원 하나 다니지 않고, 혼자서, 스스로 전 과목을 3~4등급씩 끌어올렸다. "놀 만큼 놀았으니 이제는 해야겠다."라는 마음가짐 하나로. 수능은

치지 않겠다고 했다. "나는 수시만 지원할 거야. 떨어져도 후회 없어."

나는 그 선택도 지지했다. 결과는 놀라웠다. 여섯 학교 지원에 다섯 군데를 합격했다. 수시 면접을 보러 가기 위해 작성한 면접 시나리오에 또 눈물이 왈칵 났다. "존경하는 인물은 나의 어머니입니다. 내가 어렵고 힘들 때마다 늘 '잘할 수 있다, 괜찮다'며 격려해 주시던 우리 어머니 덕분에 용기를 냈습니다. 그래서 지금 이렇게 간호대를 지원합니다. 제가 받은 용기를 이제는 사람들을 살리고 돕는 데 사용하겠습니다."

둘째 아이 역시 원하는 고등학교에 진학했다. 나는 한국타로교육협회 소속 타로 강사이자, 강사를 교육하는 대표 강사 교육부 위원장이다. 타로 카드를 상담 매체로 삼아 초·중·고등학교, 평생교육원, 취업박람회, 이벤트 현장, 여러 교육기관으로 꾸준히 외부 출강을 다닌다.

처음 강단에 섰던 날을 아직도 잊지 못한다. 어찌나 떨리던지, 강의 시작 두 시간 전에 도착해 차 안에서 심호흡만 수십 번을 했다. 청심환도 삼켰지만 심장은 요동쳤다. 한없이 떨렸지만, 어렵게 주어진 기회, 그저 최선을 다했다. 그 순간, 내 삶은 한 편의 연극 같았다. 강단이라는 무대 위에서 나는 주인공이 되어 신나는 리듬을 탔다.

"타로는 사람을 다치게 하는 게 아니라 사람을 살리는 도구야. 사람의 가능성을 믿으며 사람을 살리는 길을 가자." 한국타로교육협회 신수정 대표님의 말씀이 내게는 법문이었다. 대표님이 묵묵히 닦아 놓으신 길이 있었기에 지금까지 발걸음을 이어올 수 있었다.

인생 2막을 시작했지만 계엄령이니 탄핵이니 나라가 휘청거리는 여파로 아직 안정되지 못한 삶을 잡아가며 매일을 살아내고 있다. 그렇게 많은 산을 넘어오고도 다시 넘어가야 하는 산 앞에 헐떡일 때 또 살아보고자 지원한 것이 여성복 판매였다. 사장 언니가 참 따뜻하다. "해원아, 매출 신경 쓰지 말고 일해도 돼." "해원아, 손님들에게 친절하게 응해줘서 너무 고마워." "해원아, 해원아…."

언니의 부름은 늘 포근하다. 언니는 언제나 먼저 쓸고 닦는다. 실오라기 하나라도 더 정리해, 단정한 옷을 손님에게 전하려 한다. "해원아, 나는 손님들에게 친절하면 더 바랄 게 없어.

내가 저분을 대하는 태도가 저분의 하루 기분을 좌우할 수도 있어." 언니의 마인드는 나를 다시 돌아보게끔 한다.

　나, 잘살아온 걸까? 나 잘살고 있는 걸까? 나도 더 좋은 사람으로 남고 싶어진다. 욕심 하나 내보자면 내가 세상에 없는 날, 나로 인해 사람 냄새 맡았다며 이야기꽃이 피어나면 좋겠다. 내 옛이야기도 하나쯤은 들여다보고 예쁜 기억이라도 있다면 참 좋으련만, 빛바래어 돌아오는 기억은 텅 빈 가슴에 멍울을 채우곤 한다.

　참 미련하게도 지켜냈다. 그래도 부끄럽진 않다. 나와 아이들을 세워보려 부단히도 애를 썼다. 그때의 나를 마주한다면 '괜찮다, 괜찮다' 속삭이며 꼭 안아주고 싶다. 아직도 가끔은 두려움이 몰려온다. 낭떠러지로 몰리는 기분에 머리를 조아리기도 한다. 그렇지만 굳이 지워내려 하진 않을 것이다.

　열심히 지켜온 내 고단함을 닦아주고 마주하여 또 길을 걸어보려 한다. 따스한 햇살도 삼켜보고 바람에 씻어도 보고 봄을 품어보려 한다. 타로에 '심판'이라는 카드가 있다. 어렵고 힘들었던 과정이 끝나고, 마침내 노력한 자가 받는 보상을 뜻한다. 이 카드에는 '재탄생'이라는 의미도 깃들어 있다. 두려웠던 길,

최선을 다해 지켜낸 내 삶을 사랑한다. 나는 용기를 내어 두 번째 카드를 열어보려 한다.

오늘도
생의 경계선으로

서은

서온

15년째 대학 병원으로 출근하고 있다.
신경외과 병동에서 8년 동안 일했고,
뇌졸중 집중 치료실을 2년 동안 지켰다.
지금은 내과 병동에서 근무 중이다.
간호사지만 쌍둥이 남매의 엄마이기도 하다.
매일, 매 순간의 걸음 속에서
감정을 꺼내서 쓰고, 읽고 담아내며
타인의 생과 나의 삶을 지키려 애쓴다.

오늘도
생의 경계선으로

🌸 🌼 🌸 🌼 🌸 🌼 🌸

    나는 매일 병원으로 출근한다. 병동 안은 언제나 사람들로 가득하지만 환하게 웃는 얼굴을 발견하는 일은 드물다. 출근이라는 단어는 일상적이지만 나에게는 감정을 눌러쓰는 시간의 시작이다. 매일 어떤 감정과 마주치게 될지 알 수 없기에 더욱 무표정하게 문을 열게 된다.

    "긴 병에 효자 없다." 겪어보지 않은 사람에게는 딴 세상 이야기겠지만, 나는 이 말을 들을 때마다 마음 한구석이 저릿해진다. 그 말이 사실이어서가 아니라 사실일 수밖에 없는 구조이기 때문이다.

지금 근무하는 병동에서 마주하는 대부분의 환자와 보호자들은 마라톤 코스를 달리고 있다. 의도치 않았던 경주, 결승점이 보이지 않는 마라톤이다. 오르막과 내리막, 지루한 평지가 반복되는 고난도 코스를 매일매일 반복하며 달리다 걷고, 또 달린다.

간호사인 나는 그 마라톤의 중계진 같은 존재다. 그들의 숨소리를 듣고, 표정을 읽고, 페이스를 가늠하며, 작은 신호도 놓치지 않으려 애쓴다. '퇴원' 혹은 '완치'라는 이름의 결승선을 통과한 사람도 있지만, 레이스 중 주저앉는 이들도 수없이 보았다. 어떤 이는 울며, 어떤 이는 말없이 병실 밖으로 나간다. 그리고 그 순간을 가장 가까이에서 목격한 나는, 아무 말 없이 다음 환자의 활력 징후를 측정한다.

사실 처음부터 간호사가 꿈은 아니었다. '이게 좋다더라, 저게 취업이 잘 된다더라' 하는 말들에 휘둘려 진로를 정하는 타입도 아니었다. 온전히 와닿았다는 감각을 느껴야만 움직이는 사람이었다. 나는 뼛속까지 문과였다. 소설과 에세이는 물론 만화책에서 판타지 소설까지 장르를 가리지 않고 읽었다. 그

세계에 몰입하고, 감정에 반응하고, 문장을 곱씹으며 생각하는 순간이 좋았다. 그러다 보니 자연스럽게 무언가를 끄적이는 것도 좋아하게 되었다. 책에서 받은 감정을 글로 풀어내는 일이 낯설지 않았다.

그렇게 문과생의 삶을 살던 고3의 어느 날, 어머니께서 밤중에 코피를 쏟으셨다. 단순히 '코피'라 부를 수 없는 양이었다. 마치 코로 피를 토하시는 것 같았다. 의사 선생님은 말씀하셨다. "이게 콧속 깊은 곳에서 피가 났길 다행이지, 조금만 더 위로 올라가 머릿속이었다면 뇌출혈이에요." 순간 아찔했다. 상상만으로도 소름이 끼쳤다. 잠든 사이 어머니가 세상을 떠날 수도 있었다. 아무런 조치도 받지 못하고 골든 타임을 놓쳤을지도 모른다. 코피였기에 발견할 수 있었고, 아침이었기에 병원을 찾을 수 있었다.

그날 처음으로 '의료 지식의 부재'가 얼마나 위험한지를 실감했다. 알지 못하면 무력할 수밖에 없었다. 그길로 나는 결심했다. 어머니와 가족, 그리고 언젠가 마주하게 될 누군가에게 도움이 되고 싶었다. 그러나 현실적으로 의대에 갈 성적은 되지 않기에 '사람을 보는 의학'이라 느껴졌던 간호학과를 택했다.

의학이 일차적으로 질병에 초점을 맞춘다면, 간호는 질병을 다루는 것이 아닌 질병을 겪고 있는 사람을 다루는, 사람에 초점을 맞춘 학문이라 생각했다.

우여곡절 끝에 대전의 전문대 간호과에 입학했지만 대학 생활도 쉽지 않았다. 부모님이 엄하셔서 처음 1년은 평택에서 대전까지 기차로 통학했고, 실습을 나간 나머지 2년 동안도 답답한 하숙 생활을 해야 했다. 하지만 불평만 하고 있을 수는 없었다. 성적 관리에 힘쓴 결과 상위 10%에게만 주어지는 보건교사 교과 과정을 이수할 자격을 얻었지만 포기했다. '간호의 꽃은 임상이지'라는 생각에 빠져 있던 까닭이었다. 소위 말하는 '빅 5 병원'에도 원서를 내지 않았다. 처음 간호사의 길을 결심했던 그 밤처럼, 나는 가족 곁을 지키고 싶었다.

15년 차에 접어든 지금이야 경험을 바탕으로 빠르게 결정하고 신속하고 정확한 행동을 취할 수 있지만 처음부터 그랬던 건 아니었다. 눈물 쏙 빠지게 혼도 나고 소위 '태움'을 당하기도 했다. 무엇보다 현실과 이상 사이의 괴리가 나를 힘들게 했다.

처음 발령받은 곳은 신경외과 병동이었다. 뇌혈관 질환이나 척추 질환, 말초신경질환 등의 환자들이 주로 입원하는 곳이다. 외과 병동이라 수술이나 시술이 잦았다. 신속하면서도 정확해야 했고, 단호하면서도 세심해야 했다.

임상은 단순히 내가 대학 시절에 배운 기술을 활용하는 곳이 아니었다. 임상에서 필요한 이론과 기술을 100%라고 친다면, 대학 교과서에서 배운 것은 반절도 되지 않았다. 지금처럼 신규 간호사를 위한 다양한 지침서나 실전 임상 내용을 담은 유튜브 영상이 넘쳐나는 시절이 아니었다. 전공 교과서와 구글링이 전부였다. 나머지는 프리셉터, 즉 나를 가르치는 사수에게 의지해야 했다. 가르쳐주지 않아도 눈치껏 흡수하고, 스스로 찾아 공부해야 했다.

신경외과 병동은 회복보다 손실이 더 자주 언급되는 공간이었다. 급성기 이후 회복기로 넘어가는 길목마다 수많은 감정이 증발해 버렸다. 처음엔 울음을 참는 게 버거웠지만, 언제부턴가 눈물조차 나오지 않았다. 사명감은 오래전에 무뎌졌고 남은 건 반복되는 출근 루틴과 생존을 위한 침묵뿐이었다.

하지만 가끔은 그런 나에게도 균열은 생겼다. 예상치 못한 순간 보호자의 한마디에, 환자의 눈빛에 꾹 눌러왔던 감정이 튀어나오려 할 때가 있었다. 그럴 땐 화장실에 가는 척 자리를 피했다. 아무렇지 않은 척, 감정이 없는 척 그렇게 다시 복귀했다. 그때 내게 출근은 일터로 가는 길이 아니라 감정을 감추는 훈련의 반복이었다. 날마다 병동으로 출근하는 그 길 위에서 나는 감정을 눌러썼고, 간호사로서의 얼굴을 다시 썼다.

초반에는 교과서에서 가르치는 이론을 잘 알고 있다고 칭찬도 들었지만, 결국 배우고자 하는 노력이 느슨해지면 실력은 여지없이 드러났다. '내가 이렇게 부족한 사람이었던가?' 자책감은 커졌고 자괴감은 깊어졌다. 작은 실수도 환자에게 직접적인 영향을 미칠 수 있는 공간이었다.

업무 중 사고를 내서 병동에서 크게 혼난 적도 있었다. 다행히 환자의 안위에는 큰 영향이 없었던 사고였지만 그 기억을 잊지 못한다. 아무리 작은 실수라도 누군가의 생명을 위태롭게 만드는 곳이 나의 직장이었고, 그게 내가 하고 있는 일이었다. 그 압박감은, 어린 간호사에겐 무거운 짐이었다.

그리고 그 무게는 매일 아침 출근길을 숨 막히게 했다. 한동안은 사직서를 가방에 넣고 다녔다. 나에게는 그 길이 삼도천

다리 같았다. 매일 지옥과 이승을 오가는 기분이었던 것이다. 그때의 나에게 하루를 살아낸다는 것은, 누군가의 삶을 돌보는 일이 아니라 살아남기 위한 싸움이었다.

원리 원칙을 지키면서도 적절한 유연함을 발휘해야 하는 딜레마는 이 직업이 정말 나에게 맞는 것인지 끊임없이 고민하게 만들었다. 스스로 완벽하게 이해하지 못하면 행동으로도 이어내지 못하는 타입이라 손이 느리다는 이유로 많이 혼나기도 했다. 그때마다 완벽하지 못한 스스로를 채찍질했다.

학교에서 배우지 못한 것이 너무나 많았다. 새로이 공부하랴, 선배들 사이에서 적응하랴, 손 빠르고 센스 있는 후배들에게 치이랴, 잔뜩 힘이 들어간 채로 하루하루를 보냈다.

퇴근하고 나면 아무것도 할 수가 없었다. 시간이 어떻게 흘러가는지도 모를 정도로 혼나고 배우고 또 혼났었다. '이 일이 정말 나에게 맞는가?' 15년이 지난 지금도 스스로에게 묻곤 한다. 하지만 그랬기에 나의 부족함을 돌아보고 초심을 지킬 수 있었다. 계속해서 배우고 채우지 않으면 밀려날 수밖에 없다.

신경외과 병동에서 근무하면서 학사 학위 전공 심화 과정 제도를 통해 간호학 학사를 취득했다. 3교대 근무에 집안일까지 하면서도 학업을 놓지 않았다. 아주대학교 보건대학원에 입학하자마자 임신 사실을 알게 되었다. 비록 한 학기를 겨우 마치고 휴학해야 했지만 아이들이 백일이 되면서 복학했다.

몸은 아직 무거웠고 오랜만에 하는 공부는 낯설었다. 수업 발표 시간에 혼도 많이 났다. 너무 힘들어서 정말 모두 놓아버리고 싶었던 때도 있었다. 집에 가면 쌍둥이들이 빽빽 울어댔고, 육아에 지친 신랑 얼굴을 보면 못내 미안했다.

하지만 많은 분들의 도움이 있었기에 공부를 이어갈 수 있었다. 친정 부모님과 시부모님이 애써주셨다. 특히 남편의 이해와 지지가 큰 힘이 되있나. 나를 지지해주는 가족들이 있기에 힘을 내야만 했다. 쌍둥이를 재우고 나면 홀로 책상 등 하나 밝힌 채 모유를 유축하면서 악착같이 공부했다.

육아휴직이 끝난 후에는 내과 병동에 들어가게 되었다. 새로운 환경에 배우고 적응하는 것은 쉽지 않았다. 다시 신규 간호사로 돌아간 것 같았다. 투석을 받는 신장내과 환자들, 암 환자가 있는 종양내과, 신경계 질환을 앓는 신경과. 대부분 만성

질환자들이라 가슴 아픈 사연도 헤아릴 수 없다.

환자가 임종기여서 임종 면회를 안내했더니 돌아가시면 연락하라던 아들, 보호자도 없이 혈혈단신으로 입원해 시술 동의도 환자 본인과만 이루어졌는데 퇴원 직전 얼굴 한번 비추며 "난 동의한 적 없으니 이 시술 비용 못 내요."라고 말하던 딸, 하나부터 열까지 의학용어 써가며 의료진에게 캐묻더니, 정작 의학용어로 답변하면 입 하나 뻥끗 못 하던 배우자. 일반적이지 않은 면모와 숱한 죽음을 지켜봐야만 했다. 스스로 감정을 다스려놓지 않으면 무너질 것 같았다. 그래서 선을 그었다. 그들에게 공감하되 같이 화내고 울고 있을 수는 없었다. 나는 내 일을 해야만 했다.

영화 〈쿵푸팬더〉의 시푸 사부의 대사를 속으로 되뇌며 마음을 다잡으려 애썼다. 하지만 'inner peace'를 아무리 외쳐도 해소되지 않는 경우가 많았다. 나도 사람이니까. 결국 간호는 사람이 하는 일이다. 그렇기에 감정을 단 한 방울도 섞이지 않는다는 건 거짓말이다. 대놓고 무시하는 말투에 상처를 입기도 하고, 무심하게 툭, 간호 스테이션에 놓고 가는 과자 한 박스에 웃기도 한다.

하지만 우리는 어떤 감정도 그대로 내비칠 수 없다. '간호는 곧 감정 노동'이라는 말처럼 우리는 간호 기술뿐 아니라 감정이라는 양날의 검을 들고 전장에 나선다. 하지만 나를 보호하기 위해 든 칼은 나를 잘라낸다. 아픈 몸을 치료받기 위해 병원을 찾고, 잘 회복되어 웃으며 퇴원하는 환자들도 많다. 그럴 땐 우리도 고맙고 기쁘다. 하지만 그렇지 못한 경우도 많다. 여러 감정적 공격에 방패를 들어 보일 수는 있어도, 칼끝을 그들에게 겨눌 수는 없는 일이었다. 아무리 몰상식하고, 비인간적인 환자나 보호자라 하더라도 말이다.

지금 근무하는 병동에서는 임종을 지켜보는 일이 적지 않다. 오랜 기간 항암치료를 받다 병세가 악화되어 마지막을 맞이하는 환자, 순조롭게 치료 중이었는데 갑작스러운 상황으로 CPR이 발생해서 중환자실로 이실하는 환자, 그리고 며칠 뒤 들려오는 사망 소식.

아무리 베테랑 간호사라도 사람인지라 마음이 쓰이는 게 당연하다. 하지만 마음을 환자와 가장 가까운 곳에 두되, 쉽게 흔들리지 않을 거리를 유지하려 애쓴다. 매일 매 순간 마음을 다 잡는다.

감정이입을 하지 않는 데에는 사실 큰 이유는 없다. 간호사로서 전문적인 모습을 유지하기 위함도 아니고, 환자를 더 객관적인 위치에서 보기 위함도 아니다. 나는 그저 나를 지키고자 스스로 보이지 않는 선을 그었을 뿐이다.

간호에 있어 라포르*rapport* 형성은 분명 중요하다. 라포르(흔히들 '라뽀'라고 부른다), 사람과 사람 사이에 생기는 상호 신뢰 관계를 말하는 심리학 용어다. 라포르가 잘 형성되어 환자가 의료진을 온전히 믿고, 정서적인 안정감을 느낀다면 치료의 효율도 올라가기 마련이다. 하지만 너무 깊이 공감하고 교감하다 보면, 환자가 안 좋은 결과를 맞이하거나 병원에서 마지막을 앞두고 있을 때 감당하기 어려운 상실감에 뒤덮일 수 있다.

나는 그걸 여러 번 겪었고, 더는 무너지기 싫었다. 나는 그들의 가족이 아니다. 나는 간호사다. 환자의 고통을 완벽하게 이해하기보다는 필요한 만큼의 공감으로 최선의 간호를 유지하는 것이 내가 버틸 수 있는 방식이었다. 그래서 나는 선을 그었다. 그리고 그 선 덕분에 오늘도 나는 감정을 눌러쓰고 병동으로 출근할 수 있다.

똑같은 듯 다른 매일의 아침, 인수인계를 받고 나면 모닝커피를 준비한다. 나에게는 체력 포션이지만 큰 텀블러에 가득 담지는 않는다. 어차피 다 마시지 못할 테니까. 시도 때도 없이 울리는 전화벨, 나를 찾는 환자들, 후배들의 호출에 텀블러로 향하던 손을 거두기 일쑤다. 결국엔 커피인지 보리차인지 헷갈릴 지경이다.

자기 돌봄, 물 한 모금 편히 마시기 어려운 상황에서 나를 지키기 위한 선택이다. 어쩌면 내가 감정에 선을 긋고 스스로를 단단히 세운 그 순간부터 시작되었는지도 모른다. 우리는 간호사로서 감정적인 것뿐만 아니라 신체적으로도 자기 자신을 돌볼 줄 알아야 한다. 그런 말, 종종 듣는다. "아이고, 이래 아파가꼬 누가 누굴 간호하노." 열이 펄펄 끓어도, 손과 발에 깁스를 하고 근무에 나서기도 한다. 아프면 당연히 쉬어야 하지만, 그런 선택조차 쉽지 않은 환경이다.

"일, 할 수 있겠어? 근무 변경이 힘든데, 내일만 일할 수 있을까?" 교대 근무 특성상 누군가의 공백은 누군가의 추가 근무로 이어지기 마련이다. 그래서 우리는 '내가 조금만 버티면 괜찮아'라는 생각을 하게 된다. 내 몸이 아파도 남에게 부담을 주지 않으려는 마음, 내가 빠지면 동료가 힘들어질 것을 걱정하는 마음, 그런 마음들이 간호사들의 자기 돌봄을 끊임없이 뒤로 미루게 만든다.

물론 최근엔 문화가 많이 개선됐고, 아프면 쉬는 것이 당연하다는 인식이 퍼지고 있다. 병원마다 대체 인력을 확보하는 경우도 늘었다. 그런데도 많은 간호사는 여전히 '나만 조금 참으면, 괜찮이 질 거야'라는 생각을 안고 일터로 향한다.

내가 나를 돌보는 방식은 아직도 서툴다. 하지만 그 서툰 돌봄 속에서도 나는 여전히 출근하고, 여전히 사람을 돌본다. 가끔은 자조 섞인 혼잣말을 하기도 한다. "이렇게 아파가지고 누가 누굴 간호하나."

"팀장님, 저희 인원 좀 주세요. 우리 애들 힘들어요오." 말끝을 늘이며 애교 부리는 목소리가 들려온다. 병동 라운딩을 오신 팀장님께 부탁하는 파트장님의 목소리다. 매일같이 인원 부족을 피력하고 계시지만 새로운 병사가 충원되는 경우는 거의 없다. 우리는 하루하루 부족한 인력으로 어떻게든 버텨나간다.

병원은 매일이 전쟁이다. 나는 전쟁터에서 싸우며 버텨내다가 퇴근을 맞이한다. 하지만 곧바로 또 다른 전장으로 다시 출근해야 한다. 병원 유니폼을 벗고 '엄마'라는 느슨하고 삐거덕거리는 갑옷을 입는다. 15년 차 프로페셔널 간호사에서 매번 준비물 빠뜨리고 요리에 서툰 허당 엄마로. 그리고 퇴근 없는 그 전장으로.

아마 누군가는 물을 것이다. 그렇게 힘들어하면서도, 현실과 이상과의 괴리를 겪으면서도, 사직서를 품고 다닐 만큼 힘겨워하면서도, 자연스러운 감정까지 눌러가면서도 왜 계속하고 있냐고. 나는 그래도 이 직업이 좋다. 시작은 어머니의 코피였지만 지금은 이 일의 매력에 중독된 상태다. 끊임없이 이어지는 일, 쉴 틈 없이 쫓기는 그 흐름 속에서 약간은 변태 같지만 희열을 느낀다.

난 타고난 워커홀릭이었다. 노동 강도나 업무량에 비해 받는 보수가 많다고는 생각하지 않는다. 불만도, 할 말도 많지만 바쁨을 즐기는 나에게는 아이러니하게도 최적의 직업인 셈이었다.

사명감? 솔직히 말하면 내려놓은 지 오래다. 사명감만으로 버틸 수 있는 일이 아니다. 난 위대한 성인도 아니고 자비로운 성격도 아니다. 스스로 매력을 느끼고 좋아해야만 오래 일할 수 있는 사람이다.

그럼에도 불구하고 쉽지 않을 때가 많다. 여기저기서 부딪히는 관계들과 무지막지한 업무들이 나를 집어삼킬 것 같지만 사소한 온기가 나를 밀고 간다. 본인 몸이 바스러질 것 같은 힘든 상황인데도 건네는 고맙다는 환자의 말 한마디, 처치 끝에 너무 고생했다며 유니폼 주머니에 쏙 넣어주는 홍삼 사탕 하나, 싱그러운 과일을 나눠먹고 싶다며 조심히 투약 카트에 놓고 가는 손길들이다. 그 순간들을 마음에 담고 나는 오늘도 다시 병동으로 출근한다. 감정을 잠시 눌러쓰고, 간호사라는 이름표를 단다.

15년이다. 내가, 이 병원에서 간호사로 일한 지도. 처음엔 숱하게 혼났고 적응 과정에서 힘겨움도 많았지만 추억도 켜켜이 쌓였다. 선배, 후배, 동기들과의 에피소드는 헤아릴 수 없을 정도다. 연애도 하고 결혼도 했다. 이 병원에서 우리 아이들도 만났다.

15년이다. 내가, 이 병원에 출근한 지가. 어느 하루도 예상할 수 없는 날들이었고, 솔직히 어느 하루도 맘 편히, 가벼운 발걸음으로 퇴근한 적이 없다. 내가 놓친 부분은 없었는지, 과연 오늘 하루가 완벽했는지 퇴근길에서도 곱씹었다.

매일같이 누군가와 싸우듯 날을 세우고, 그 첨예한 날로 누군가의 아주 작은 통증도 걷어내고, 매일같이 내가 마주하는 환자들의 안녕을 빌었다. 그렇게 매일 비는 그들의 안녕이지만, 안녕하지 못한 순간들도 많았고, 내가 안녕할 수 없는 날들도 수없이 스쳐 지나갔다. 나의 빈틈이 간호를 받는 환자들의 평안함에 생채기를 낼 것이라는 걸 알기에 작은 틈 하나도 허락하지 않으려 애썼다.

스스로를 조이고 다그치고 닦달하며 여기까지 왔다. 물론 지금도 나는 완벽하지 않다. 아니, 나는 완벽할 수 없다는 걸 안다. 그렇기에 더욱 노력한다. 끊임없이 의심하고, 다시 돌아보고, 또 배운다. 그 불완전함을 인정하는 것이, 내가 지금까지 버틸 수 있었던 원동력이었다.

나는 나의 20대를 모두 간호사라는 이름에 바쳤고, 남아 있는 내 시간을 환자들 곁에 올려놓으려 한다. 나는 마지막까지 '간호사'라는 이름으로 남으려 한다. 그렇게 버티고, 나와 그들을 위해 계속 배움의 길에 오르고 꾸준히 가다듬으려 한다.

잠들기 전 침대에 누웠을 때 딸아이가 물었다. "엄마… 엄마는 언제까지 병원에 출근하는 거야? 우리가 클 때까지?" "글쎄, 아직은 모르겠네. 그래도 엄마는 출근해야 해." 지금은 답을 알 수 없다. 하지만 담담하고 흔들림 없이 말했다. 다른 엄마들처럼 함께하지 못하는 미안함을 가진 적도 있지만 떨쳐내기로 했다.

누군가의 엄마, 누군가의 딸, 누군가의 아내, 누군가의 며느리로만 존재하고 싶지는 않다. 내가 사랑하는 사람들과 내 손길을 기다리는 환자들 곁에서 꿋꿋하게 내 이름 석 자가 박힌 옷을 입고 단단하게 서 있으려 한다. 내일도 병원으로 향하는 발걸음에 주문을 걸 것이다. 조용하되 가볍지 않게. 반짝이지만 아무도 모르게.

듣는 사람,
함께 걷는 사람

박혜영

박혜영

12년 차 전문상담교사.
매일 학교 현장에서 아이와 보호자, 교사를 만나고 있다.
계획된 우연 아래 학사 과정에서는 교육학과 심리학을,
그리고 소명 아래 석·박사 과정에서는 교육상담을 공부했다.
사람들의 이야기를 만나는 상담실로,
두 딸과 남편이 기다리는 집으로,
그리고 나를 돌보는 소파와 책상 앞으로 출근한다.

블로그 blog.naver.com/child7272

듣는 사람,
함께 걷는 사람

❋ ❀ ❋ ❀ ❋ ❀ ❋

삐리릭, 삐리릭, 알람 소리가 울린다. 조금만 더, 조금만 더 어정거리고 싶은 유혹을 떨쳐내려 무거운 기지개를 켠다. 목과 어깨는 묵직하고, 눈은 뻑뻑하다. 졸린 눈을 비비며 먼저 부엌으로 향한다. 어젯밤 끓여놓은 된장찌개를 데우고, 냉장고에서 달걀 3개를 꺼내어 남편과 아이들이 먹을 프라이를 만든다. 급히 세수를 하고 아이들을 깨운다. 보글보글 끓는 소리와 고소한 냄새에 남편과 아이들이 눈을 비비며 거실로 나온다.

딸의 집으로 출근한 친정엄마에게 뒷일을 맡기고 아이들에게 짧은 인사를 건넨다. 좀 더 진한 인사를 나누고 싶지만, 시간에 쫓겨 현관문을 나선다. 운전대를 잡는 순간부터 가는 길 내내, 부디 오늘은 무탈하기를 기원한다. 신호에 걸려 멈춰 설 때마다 일할 곳이 있다는 감사와 아무것도 하기 싫다는 불평이 교차한다. 매일 아침 출근하는 자의 모습은 비슷하리라.

근무하고 있는 학교는 도심에서 살짝 벗어난 외곽에 위치하고 있다. 덕분에 출근하는 길은 계절의 향연이다. 분홍으로, 초록으로, 붉은 옷과 노란 옷으로 갈아입는 가로수를 보는 즐거움이 있다.

오늘은 신록의 옷을 입은 벗과 함께 달린다. 터널을 빠져나오며 나 역시 옷을 갈아입는다. 새로운 세계에 들어서듯 또 다른 나의 역할을 장착하고 안터로 들이실 군비를 한다. 교문을 들어서는 순간, 엄마로서의 나를 벗고 전문상담교사로서의 나를 입는다.

시끌벅적한 교문을 지나며 자세를 바로잡는다. 행정실과 교장실, 교무실의 문을 차례로 연다. "선생님 안녕하세요, 굿모닝입니다." 동료 선생님들과 나누는 인사에 담긴 속뜻은 '오늘 하루도 무사히 견뎌봅시다. 전우여!'다.

마주한 아이들과도 웃으며 인사를 나눈다. '아이들아, 오늘도 나의 몸과 마음을 사랑하자.' 나에게 건네는 인사도 잊지 않는다. '나 자신을 마음 모아 사랑하며, 아이들을 마음 모아 바라보자.' 오늘은 학교에서, 상담실에서 어떤 아이들을 만나게 될까.

학교 상담실? Wee클래스? 전문상담교사가 뭐예요? 나의 직업에 대해 묻는 사람들이 종종 있다. 아직도 생소한 것이리라. 나는 그들에게 위WEE 프로젝트를 먼저 설명해 준다. 위WEE란 we(우리), emotion(감정), education(교육)을 합친 말이다.

WEE란 새로운 단어를 만들어 프로젝트라는 이름 아래 학교 상담을 수행하는 까닭은 학교가 '우리'가 되어 가는 과정을 지켜보고, '감정'에서 비롯된 여러 상황에서 상담을 통해 '교육'하겠다는 뜻이라고 나는 받아들이고 있다. 단순히 학교란 현장에서에서 이루어지는 상담에만 머물지 않겠다는 다짐이다.

WEE라는 의미가 더해진 학교 상담에서는 전문상담교사의 역할이 강조된다. 전문상담교사는 상담에만 그치는 것이 아니라 학생들의 건강한 성장을 돕고, 위기 상황을 사전에 예방하며, 따뜻하고 안전한 학교를 만들어가는 존재가 되어야 한다.

사람들은 서로의 다름 속에서 말이 엇갈리고 감정이 부딪친다. 아이들의 아픔은 자기 자신과 주변인(주로 가족과 또래 친구들이다)으로부터 시작된다. 그리고 그 아픔은 서로에게 가시가 된다. 그 가시는 무심한 장난이라고 말하는 조롱, 반복되는 비난과 같은 '말'에서 비롯된다.

'행동' 또한 큰 상처를 남기곤 한다. 툭툭 건드리는 손길이 주먹질이 되고, 차가운 시선이 비웃음과 멸시로 변하며, 나 자신이 가치 없는 존재라는 그릇된 신념을 가지게 만든다. 따뜻한 말 한마디가 삶을 지탱하는 다리가 되듯 사랑이 없는 말과 차가운 행동은 마음을 무너뜨리는 불씨가 된다. 그렇게 아이들의 마음은 서서히 불타고, 그을린 마음은 자기 자신과 주변인들을 상처 입히는 또 다른 도미노가 된다.

상담실 문을 두드리는 아이들의 손길마다 보듬어 주어야 할 이야기가 숨어 있다. 이렇게 학교 안팎에서 아이들이 마주하는 고민은 시대를 넘어 이어지고 있다. 성적과 진학을 둘러싼 학업 부담, 또래 사이의 갈등과 소외, 가정의 불화나 부모의 부재, 사춘기 특유의 정체성 혼란은 예전에도 흔한 풍경이었다. 이에 더해 오늘날의 아이들은 디지털화와 SNS가 만든 새로운 문제, 우울과 불안 같은 정신 건강의 위기, 다양성과 포용을 둘러싼 갈등, 미래에 대한 불확실성과 각종 중독의 그늘까지 짊어진 채 무거운 발걸음을 옮기고 있다. 이렇게 같은 책상 앞에 앉아 있어도, 아이들의 마음은 이전보다 훨씬 복잡하고 무거워졌다.

몇몇 아이들은 성장의 길목에서 우울과 불안을 어깨에 얹은 채 걸어간다. 이러한 성장기의 어려움은 바람처럼 지나가 흔적조차 남지 않을 수도 있지만, 또 다른 누군가에게는 깊은 생채기로 남아 평생 싫어지고 가야 할 짐이 되기도 한다. 그렇기에 아이들의 상처는 어른의 그것과는 다른 시각으로 바라보아야 한다.

작은 상처가 깊은 골로 커지기 전에 누군가 다가가 손을 얹고 온기를 건네야 한다. 그 손길은 단순한 위로가 아니라 전문적으로 훈련된 따뜻함이어야만 한다. 그래야만 아이는 깊은 어둠 속에서도 다시 빛을 향해 걸어갈 힘을 얻는다. 나의 일은 아이들의 이야기에 귀를 기울이고, 상처를 어루만져주는 것이다. 어둠 속에서도 용기 내어 나아갈 수 있도록 그 옆에서 함께 걸어주는 것이다.

2006년, 대학 교정을 밟으며 처음으로 '전문상담교사'라는 직업을 알게 되었다. 그 만남은 마치 오래전 잃어버린 길을 다시 발견한 순간 같았다. 크럼볼츠$_{Krumboltz}$의 사회학습이론에는 '계획된 우연'이라는 흥미로운 개념이 있다.

계획과 우연이라니, 어쩜 이렇게 어울리지 않는 단어들이 이토록 근사한 의미를 빚어낼 수 있을까. 이 개념은 인생이나 진로가 치밀한 계획만으로 이루어지는 것이 아니라, 예기치 못한 우연에도 크게 좌우될 수 있다는 것을 알려준다. 나 역시 그 계획된 우연 속에서 소명을 향한 첫 발걸음을 내디뎠다.

초등학교에 들어가기 전부터 어른들이 수도 없이 던진 질문이 있었다. '니는 커서 뭐가 될래?' 그럴 때면 나는 늘 '선생님이요, 의사요, 간호사요'라고 답했다. 왜 그랬을까. 아마도 가장 가까이에서 만날 수 있는 직업들이었기 때문일 것이다. 어린 내가 매일 향했던 곳은 학교였고, 부모님 다음으로 자주 만나는 사람이 선생님이었다. 어떤 질문을 해도 척척 답하는 선생님들이 얼마나 우러러 보이던지. 자주 가던 병원에서 분주히 일하고 있는 의사와 간호사들이 어찌나 멋져 보이던지. 나도 저렇게 근사한 어른이 되고 싶다고 생각했었다.

중학교 2학년 즈음 또다시 꿈에 대한 질문과 마주하게 되었다. 우연히 보게 된 TV 프로그램에서였다. 지금은 제목도 내용도 희미해졌지만, 한 상담사를 인터뷰하던 장면만은 선명하게 남아있다. 등장부터 시선을 붙잡았다. 화려한 치장을 하지 않아도 단정하고 조용한 분위기에서 풍기는 단단한 힘이 있었다. 군더더기 없이 깔끔한 테이블과 그 위에 놓인 꽃병까지도 상담사와 한 몸처럼 보였다. 그의 침묵은 온전히 들을 준비가 되어 있음을 웅변하고 있었다.

그윽한 눈길과 섬절한 끄덕임에는 따뜻함이 깃들어 있었고, 느긋한 말투와 사려 깊은 몸짓으로 전문성을 엿볼 수 있었다. '아, 저거다!' 싶었다. 그 순간 이후, 누군가 꿈이 뭐냐고 물으면 주저 없이 대답할 수 있게 되었다. '나는 상담사가 될 거예요.'

어디로 갈지는 정했다. 하지만 어떻게 갈지는 여전히 물음표였다. 이 길을 걷기 위해 어디서, 무엇을, 어떻게 준비해야 할지, 누구에게 도움을 구해야 할지 전혀 몰랐다. 사실 그에 대한 답을 구할 노력조차 못 했다.

교육열에 불타오르는 학군에서 학창시절을 보냈다. 죽어라 공부해서 입시 성적을 올리기에만 급급했을지언정, 나의 길은 여전히 상담사를 향했다. 그 길의 시작은 '심리학과'에 진학하는 것이라 생각했다.

내 마음대로 흘러가면 얼마나 좋겠냐마는 어디 인생이 그러할까? 대학 수시 전형으로 지원했던 대학의 심리학과에 낙방했다. 바람이 컸던 만큼 큰 좌절감을 맛보았다. 처음으로 마주하는 무력감이었다. 고통스러웠던 대학 입시 과정을 또다시 되풀이할 자신이 없었다. 그저 성적에 맞춰 세 곳의 대학에 입학 원서를 냈다. 꿈의 시작이라 여긴 전공과는 거리가 있는 낯선 곳이었다.

그 당시 일본어의 어감을 좋아했고, J-pop을 즐겨들었다. 고등학교 동아리 신배가 일어일문과에 진학해 즐거이 대학 생활을 하는 걸 보았다. 나도 그럼, 일본어를 공부해볼까? A 대학의 일어일문과에 정시 원서를 냈다.

우리나라에서 여성 직업으로는 교사가 제일이지. 부모님의 희망찬 뜻에 따라 B 대학의 교육학과에도 지원했다. 그리고 C 대학의 자율전공부에 지원했다. 아직 아무것도 모르겠으니, 일단 대학에나 가보자 하는 심경이었다. B 대학의 교육학과에 합격했다. 큰 뜻 없이, 별 감흥 없이 대학 생활을 시작했다.

대학 졸업 후 취업 선택의 폭을 넓히려면 학문으로서의 '교육학'을 공부하기보다, 임용을 대비하여 실제적으로 '교수'할 수 있는 과목을 복수 전공으로 선택할 필요가 있었다. 어떤 과목의 교사를 가장 많이 선발하는가, 어떤 과목을 추가적으로 공부할 것인가에 초점을 맞춰 고민하고 있었다.

그러던 어느 날, 학과장님이 복수 전공 신청에 대해 설명해 주셨다. 복수 전공을 통해 다른 교과목 교원 자격증을 추가적으로 취득할 수 있다는 것, 교육 분야뿐만 아니라 다른 업무를 수행할 때에도 전공 다양성이 생겨 강점이 된다는 것, 교육학도로서의 소양은 물론 다른 학문과의 융합적인 역량을 키울 수 있다는 사실이었다.

실질적인 안내를 많이 해주셨다. 학과장 교수님의 조언을 메모하며 듣고 있는데 생각지도 못한 이야기가 나왔다. 이제 본격적으로 '전문상담교사'가 제도화되어 점차 학교에 배치된다는 말씀이었다. 우리 사회의 필요에 따라 점차 확대될 것이라고 하셨다.

순간 가슴이 다시 뛰기 시작했다. 잊고 있었던 '상담사'의 꿈이 되살아났다. 제도는 상담사라는 꿈에 구체적인 자리를 마련

해주었다. 막연히 누군가를 돕고 싶다는 바람이 전문상담교사 제도를 통해 학교 현장 속에서 실현될 수 있음을 확인할 수 있었다. 오래전 서랍 안에 넣어두었던 소망을 다시 꺼내 먼지를 털어낸 순간이었다.

전문상담교사 제도는 단순한 직업으로서의 틀이 아니라 내가 품었던 소망이 세상에 뿌리 내릴 가능성이었다. 소망의 씨앗은 있었지만 뿌리 내릴 방법과 과정에 대해서 무지했었는데, 이제야 길을 찾게 된 것이다.

무미건조했던 대학 생활에 빛이 보이기 시작했다. 부모님의 뜻대로 큰 감흥 없이 선택했던 길에서 내가 바라던 꿈을 찾았다. 이것이야말로 운명처럼 계획된 우연이 아닐까!

교육학과 심리학을 복수 전공하며 전문상담교사가 되기 위한 발걸음을 옮겼다. 강의실에서 배운 상담 이론은 단순한 지식이 아니라 사람을 이해하기 위한 언어가 되어주었다. 많은 학자들의 다양한 이론을 배우는 순간마다 한 사람의 마음을 이해하는 길을 새로이 익힐 수 있었다. 그 길들은 이어져 전문상담교사로서의 나를 단단히 세워주었고, 각기 다른 사람의 이야기에 발걸음을 맞춰 걸을 수 있는 지도가 되어주었다.

실습 현장에서의 시간들도 귀했다. 책에는 담을 수 없는 표정과 침묵, 눈빛의 언어를 배울 수 있었다. 현장에서 경험한 작은 성취와 실패들이 나를 단련시켰다. 때로는 직접적으로 표현되는 언어가 마음의 창이 되고, 때로는 침묵 속에서 미묘한 표정, 망설이는 숨결과 몸짓으로 숨은 진실을 읽는다. 상담자는 내담자의 언어와 몸짓을 함께 읽으며 그의 세계에 조심스레 다가간다. 그렇게 전문상담교사는 교사와 상담자의 정체성을 바탕으로 학교를 품어간다.

수업 종소리가 울려도 나는 칠판 앞으로 향하지 않는다. 묵묵히 상담실에서 아이들을 기다리고 있을 뿐이다. 그래서일까, '비교과'라는 단어가 늘 내 직함 앞에 붙는다. 마치 교사가 아니라 곁다리, 추가 인력인 듯 불리는 것 같아, 마음 한쪽이 시리다.

하지만 상담실에서의 하루는 결코 한가롭지 않다. 언제 만날지 모르는 위기학생과의 상담, 진로탐색 지도, 대인관계 중재, 학부모 상담, 교사 연수, 심리검사 해석 등등. 아이들의 울음을 듣고, 보호자들의 불안을 달래며, 교사들의 한숨을 공유하는 일, 그저 옆자리를 내어주며 누군가의 하루와 삶을 보다 아름답게 변화시키는 일을 한다.

그렇다. 비교과 교사라는 말은 교과서로는 가르칠 수 없는 것을 가르치는 교사라는 뜻일지도 모른다. 학생들의 성적표에는 드러나지 않지만, 학생들의 인생에는 작은 흔적이라도 남기고 싶은 매일을 살아간다.

오늘은 아침부터 상담실 문을 두드린 녀석이 있었다. 또래 관계의 어려움으로 교실에 들어가고 싶지 않다고 했다. 그래, 이 녀석이 학교에 온 것만으로도 감사하다. 아이를 어르고 달래는 찰나, 이게 상담은 아닌데 하는 회의감이 느껴졌다. 이내 이 또한 아이의 내적 힘을 키우는 과정에 있겠거니, 그 가운데에서 나는 그저 버텨주기(holding: 대상관계 이론에서는 이를 내담자가 심리적 위기나 불안 상태를 견딜 수 있도록 상담자가 버텨주는 역할을 수행한다고 설명한다)를 하며, 아이가 진정 원하는 바람(want: 선택이론에서 바람은 내담자가 깊이 바라는 본질적인 욕구나 필요를 말한다)이 무엇일까에 초점을 맞추려 했다.

온갖 감정이 뒤섞여 나 좀 알아봐 달라고 하는 아이의 발버둥에 귀를 기울였다. 며칠째 결석하고 있는 학생의 담임교사가 찾아왔다. 먼저 염려와 걱정으로 가득한 선생님의 마음부터 다독였다. 그런 다음 담임교사, 전문상담교사로서 각각 어떻게 할지 입장을 정리하고 함께 도울 방법을 의논했다.

문을 닫고 나가기가 무섭게 학부모에게서 상담 요청 전화가 왔다. 상담 일지를 정리하려는 순간, 학교폭력 사안으로 관련 학생과 상담을 요청한다는 또 다른 선생님의 전화가 걸려 왔다. 오늘까지 제출해야 하는 계획 기안과 예산안이 있는데….

한숨 돌릴 틈도 없다. 점심시간은 수업시간에 미처 끝내지 못한 학생상담 예약으로 이미 빼곡하다. 밥은커녕 물 한 잔 마실 시간도 없다. 교육 자료를 준비하고 있는데 자해 행동의 비상 상황이 발생했다. 우선 아이의 마음을 다스리기 위한 면담을 진행했다. 앞으로의 적절한 개입을 위해 관련 담당자들과 회의를 하고, 보호자에게 연락을 돌리느라 화장실에 갈 시간조차 없다.

퇴근 전까지 정기 상담도 해야 하고 상담 일지도 정리해야 하는데. 행정 업무를 비롯해 할 일이 가득한데 종례 종이 울린다. 미처 마무리하지 못한 업무가 남아 있지만, "선생님, 잠깐 시간 괜찮으세요?"라는 아이의 애처로운 눈망울을 외면할 수는 없다. 아이는 '잠깐'만을 말하지만, 실제 소요되는 시간은 '잠깐'

이 될 수 없다는 걸 나는 안다.

연차가 쌓여가지만 상담은 여전히 쉽지 않다. 아이들의 눈물과 슬픔을 듣고, 보호자들의 걱정과 염려를 감싸고, 교사들의 답답한 심정을 듣다보면 내 자신이 감정 쓰레기통이 된 것만 같을 때도 있다. 그래도 나는 성심껏 귀를 기울이려 한다. 하지만 진심에 대한 보상이 학부모의 불만이나 민원으로 돌아올 때면 큰 상처를 입는다.

"수업시간에 왜 상담을 해요?"
"학교상담은 학생의 심리·정서 지원을 위해서 교육기본법 아래 정규 교육과정 내에서 이루어질 수 있답니다."

"선생님은 누구 편에서 상담을 하는 거예요?"
"상담은 특정 편이 아닌, 내담자의 감정과 입장을 존중하며 그 마음을 이해하고 지지하는 데 집중한답니다."

"전문가 맞아요?"
"전문상담교사 교육과정을 이수하여 공식적인 자격 아래 있으며, 이를 바탕으로 학생들에게 전문적으로 접근하기 위해 지속적으로 역량 계발을 하고 있습니다."

아이들을 위하는 길에서조차 오해가 피어날 수 있다는 사실이, 매번 절대적 '을'이 되어버리는 것만 같은 내 위치가, 교육과 상담 현장이 서비스로만 치부되는 현실이 서글프다. 그럼에도 나는 전문상담교사의 길을 묵묵히 걸어간다. 내가 더 단단해지고, 더 넓게 본다면, 내가 만나는 누군가의 하루를 보다 건강하게 지킬 수 있을 것이다. 그래서 오늘도 책을 펴고, 공부를 하며 내 안의 전문성을 조금씩 키워간다.

전문상담교사는 교사와 상담자의 경계 위에서 하루를 보낸다. 때로는 교무실을 오가는 동료 교사의 분주한 발걸음 속에서, 때로는 상담실의 고요한 숨결 속에서 과연 내가 어디에 속한 사람인지 스스로에게 묻곤 한다.

교사와 상담자의 역할 사이에 놓인 모호한 경계는 끊임없이 갈등하게 만든다. 한편으로는 학업과 규율을 책임지는 교사로서의 엄격함이 요구되고, 또 다른 한편으로는 아이의 내면을 깊이 이해하고 보듬는 상담자의 부드러움이 필요하다. 교사의 겉옷을 입자니 아이들을 향한 마음이 애처롭고 상담자의 얼굴을 하자니 현실의 규칙이 가슴을 짓누른다.

학교를 둥둥 떠다니면서도 어떻게든 균형을 잃지 않으려던 내 발걸음은 '전문상담교사'라는 이름으로 뿌리를 내렸다. 교사도 상담자도 아닌, 그러나 둘 모두를 품은 '전문상담교사'라는 이름만의 색깔과 온기를 지닌 자리로 나아간다. 경계에 서 있는 존재가 아니라 새로운 길을 여는 고유한 빛이 되어주고 싶다.

창문 너머 나무 끝에 매달린 하루가 주황빛으로 물들기 시작할 즈음 상담실을 나선다. 이 공간이 학생들이 편히 쉬어가는 사랑방이 되기를, 그들의 마음을 어루만지는 아랫목이 되기를, 내일도 그들의 내나누숲이 되어줄 수 있기를 소망하며 조용히 문을 닫는다.

나의 애마는 하루의 긴장을 퇴근길 도로에 흩뿌리며 달린다. 하루의 일을 마친 후련함과 또다시 시작될 육아에 대한 피곤함이 교차한다. 집 앞 반찬가게에 들러 메추리알조림과 열무김치를 산다. 하도 자주 들리다 보니 주인 아주머니와 절친이 되었다.

"너무 맛있어요. 요즘 얼굴이 밝아지셨어요! 무슨 좋은 일 있으세요?" 너스레를 떠니 어묵볶음 한 팩을 서비스로 넣어주신다. 어설픈 솜씨지만 정성을 가득 담아 저녁 식탁을 차린다. 아이들의 쫑알거림과 부부 간의 다정한 티격태격이 집안을 가득 채운다.

"그만 좀 뛰어다녀."

"옷 벗으면 정리 바로 해줘"

"삼키고 나서 말해야지."

"다 먹었으면 양치 바로 하고!"

비록 몸은 피곤하지만 함께 웃고 떠드는 이 시간이 참으로 귀하다.

아이들에게 책을 한 권씩 읽어주고 잘 자라며 인사를 건넨다. 마음속으로는 '얼른 자라, 빨리 자라'고 기도하지만 겉으로는 내색하지 않는다. 아이들의 숨소리가 일정해질 때까지 조심스럽게 호흡을 맞춘다.

드디어 아이들의 숨소리가 잔잔해진다. 마침내 기다리던 시간이 왔다. 하루의 고달픔과 피곤으로 반쯤 감겨 있던 눈이 번뜩 뜨인다. 드디어 나를 위한 출근이다. 다른 누군가를 위한 시간이 아닌 오롯이 나를 위한 시간이다. 남편에게 떼를 써서 구입한 태블릿으로 OTT를 보는 것이 밤의 즐거움이다. 혹시 소리라도 새어나갈까 숨을 죽인다. 흘러가는 시간이 아까워, 10초 앞으로 버튼을 눌렀다가, 이해가 되지 않아 10초 뒤로 버튼을 누르기를 반복한다. 덕분에 온전히 내용을 이해할 수는 없지만 나를 위해 시간을 썼다는 것만으로도 짜릿하다. 이토록 억지스러운 밤의 출근이 나를 위한 위안이고 사치다.

어떤 날은 소설을 읽고 어떤 날에는 수필을 읽는다. 때로는 상담 전공서를 뒤적이기도 한다. 내용이 세세히 기억에 남지 않을 때도 있지만 책의 다정한 속삭임은 남는다. 작은 스탠드 불빛에 의지한 필사 노트 속 글씨는 삐뚤빼뚤하지만 좋은 문장은 마음속에 흔적으로 남아 든든한 자산이 된다.

동료와 화상 토론을 하면서도 자꾸만 눈이 감기지만 그 속에서 삶에 대한 고민과 성찰은 깊어진다. 1초, 1분의 힘을 믿으며 나라는 보석을 윤이 나도록 닦아본다. 켜켜이 쌓인 시간의 힘을 믿고 기대하며, 광을 내어본다. 그 빛이 영롱하게 빛날지, 순간에 머문 섬광일지는 모르나, 시간의 힘을 믿는다. 조심스러운 밤의 출근은 결국 나의 존재를 더욱 빛나게 하는 등불이 된다.

마음이 머무는 곳으로 출근하는 한, 나는 매일같이 빛날 수 있다. 출근길에서 마주하는 작은 고민들과 성장의 순간들은 나를 더욱 반짝이게 만들 것이다. 물론 내가 짊어진 숱한 책임과 갈등에 흔들리는 순간도 있겠지만, 그 모든 경험이 나를 성장시키는 밑거름이 될 것을 안다.

나는 오늘도 내 안의 빛을 잃지 않으려 애쓴다. 내일 나는 다시 아이들의 길에 설 것이다. 그들과 함께 걸어갈 것이다. 오직 그 길만이 나의 길이며 나를 보다 나답게 만들어가는 여정임을 믿는다.

낭만 여대생, 올빼미 엄마

신지은

신지은

나의 20대는 낭만이었다.
서점에서 일하고 음악 방송을 하며,
글과 노래를 사람들과 나누는 삶을 살았다.
나의 30대는 전쟁이었다.
두 번의 암 투병을 치르면서도,
발달장애 아이를 위해 밤낮없이 일했다.
삶을 사랑하기 위해, 자유롭기 위해, 나로 살기 위해
시작한 글쓰기가 인연이 되고 살아갈 힘이 되었다.
오롯이 나를 안아주었던 문장처럼
따스한 이야기를 나누는 사람이 되고 싶다.
참여한 책으로 《고질라의 헤임시나》,
《오늘도 덕분에 숨을 쉽니다》,《소풍 끝에 남은 기억》,
《파도처럼 스친 휴가》,《설렘을 안고 손 편지를 부칩니다》,
《벚꽃 아래 봄을 쓰다》,《편지를 담은 시집》,
《엄마를 담은 시집》이 있다.

낭만 여대생,
올빼미 엄마

✿✿✿✿✿✿

    나는 웃지 않는 아이였다. 높낮이 없는 말투에 늘 무표정한 얼굴이었다. 어릴 땐 괜찮았지만 초등학교에 입학하면서 모든 것이 달라졌다. 표정이 없고 말을 잘하지 못하니 따돌림이 일상이었다. 하나뿐인 친구마저 사고로 어이없이 잃었다. 혼자 먹는 도시락이 익숙해서 그저 방학이 오기만을 기다렸다.

    시골 할머니 댁으로 이사하면서 좋지 않은 기억도 지워지길 바랐다. 산길로 이십 분 정도 걸리는 작은 분교로 전학했다. 하지만 학교가 바뀌어도 따돌림은 여전했다. 아무것도 달라지지 않았다.

바쁜 농사철에는 주말마다 고추를 따고 마늘을 캐야 했다. 중학교에 입학하면서 아침마다 첫 버스를 탔다. 의성 읍내로 가는 도로는 꼬불꼬불 휘어져 있어서 굽이마다 몸이 휘청거렸다. 불규칙한 치아를 보이기 싫어 늘 입을 꼭 다물고 다녔고, 표정이 없는 데다 말투까지 무뚝뚝하니 짝꿍과도 친해지지 못했다.

2학년에 올라가면서 겨우 친구라 부를 수 있는 사람이 생겼다. 독서와 글쓰기를 좋아한다는 공통점으로 친해졌다. 함께 책 이야기를 나누고 글을 썼다. 학교와 거리가 멀었지만 도서관 출입증도 만들었다.

고등학교 1학년 때 첫사랑을 만났다. 도서관에 들어서면 커다란 느티나무 아래 정자가 있었다. 그는 정자에 앉아 낮은 목소리로 책을 읽어주곤 했다. 작가가 되고 싶다며 글 쓰는 것을 기쁨으로 여기는 사람이었다.

매일 도서관에 출근하다시피 하던 사람이었는데 계절이 지나도 나타나지 않았다. 그가 아프다는 사실조차 몰랐다. 말라가는 몸을 가리려 커다란 옷만 입고 다녔다는 것도 몰랐다. 내내 함께이기를 바랐던 사람은 췌장암으로 곁을 떠났다. 함께 나눴던 꿈만 덩그러니 남았다. 어린아이처럼 펑펑 울었다. 강제로 타임머신에 태워져 유년기로 돌아간 것만 같았다. 나는 다시 혼자가 되었다.

공업 고등학교를 선택한 건 순전히 취업에 유리했기 때문이었다. 전자과, 전기과, 토목과, 화공과로 나뉘어 있었는데 3학년 1학기가 되면 대부분 취업을 나갔다. 졸업 이후 회사에 머무를지 대학에 진학할지는 본인 결정이었다.

취업 나가려 했던 회사에 사정이 생겨 입사가 취소되었고 2학기가 되어서야 작은 생산직 회사에 취직할 수 있었다. TV나 비디오에 들어가는 그래픽 카드를 생산하는 회사였다. 그래픽 카드로 이용되는 PCB 기판을 검사기에 넣고 화면의 전원이 잘 켜지고 꺼지는지, 화면 이동과 색상에 문제는 없는지, 그 외에도 혹시 있을지 모를 다양한 화면 불량을 찾는 일을 했다.

검사 일을 가르쳐준 사람은 무뚝뚝하고 냉정해 보였지만 은근히 잘 챙겨주었다. 일 배우는 초반에는 속도가 나지 않아 혼난 적도 많지만 싫지 않았다. 회사 사람들도 친절하고 뒤끝도 없었다. 회사 이전 소식에 함께 가고 싶었으나 부모님은 대학에 들어가길 바랐다.

떠밀리듯 안동에 소재한 대학교에 들어가게 되었다. 특수교육과에 입학하면서 기숙사 생활이 시작되었다. 낯선 곳이지만 하겠다고 왔으니 잘하고 싶었다. 처음에는 수업도 꼬박꼬박 들었고 새로운 환경에도 나름 잘 적응했다.

생활이 삐뚤어지기 시작한 건 피아노와 교구 만들기 수업 때문이었다. 열심히 배우면 해낼 수 있을 거라고 믿었지만, '학교 종이 땡땡땡~'도 못 칠 정도로 음악 감각이 없었다. 학점은 피아노와 미술에서 다 깎아 먹었다. 손재주가 없는 내게 음악과 미술은 낯선 외국어 같았다. 어려우니 피하게 되고, 피하게 되니 무서워졌다.

수업에 빠지기 시작하니 자연스레 학과 사람들과도 멀어졌고 학교에 가기가 더 싫어졌다. 늘 얼굴이 굳어 있고 무뚝뚝한 성격이다 보니 기숙사 룸메이트와도 어울리지 못했다. 서점이나 도서관에 앉아 보고 싶은 책을 읽는 게 더 설레었다. 책에서 풍겨오는 특유의 향기가 너무 좋았다. 수업에도 들어가지 않고 게임을 즐기지도 않으니 할 게 없었다.

어느 날인가 시내를 걸으며 방황하고 있는데 단골 서점 주인 아저씨가 아르바이트 구인 종이를 붙이고 있는 게 아닌가. 순간 '저거다!' 싶었다. 틈틈이 좋아하는 책도 읽을 수 있고 돈도 벌 수 있으니 일석이조라 여겼다.

내향적이지만 결정하면 머뭇거리는 성격이 아니다. 바로 서점으로 달려가 구인 종이를 붙이고 돌아서는 주인아저씨를 불렀다. 너무 자주 와서 그랬는지 아저씨는 보자마자 무슨 책 볼 거냐고 물었다. 우물쭈물하다 구인 종이를 손으로 가리키니 주인아저씨는 "오~!" 하고 뜻 모를 탄성 소리를 내셨다.

기껏 붙이신 종이를 곧바로 떼시더니 대뜸 물어보셨다. "너 인사는 잘할 수 있나?" 말을 별로 하지 않는 거지 못 하는 게 아니라고 반박하니 아저씨가 날 보며 피식 웃으셨다. 내일부터 출근하는데 들어오는 책은 절대 빠지면 안 된다고 못 박으셨다. 제목과 장르에 따라 잘 구분해야 한다며 어느 자리에 꽂아야 하는지 설명해 주셨다.

가만히 듣고 있다가 "저 일해도 돼요?" 하고 물으니, 학교도 알고 전화번호도 알고 매일 보는 얼굴이고 집도 아는데 기왕이면 아는 사람이 일하는 게 좋지 않겠냐고 하셨다. 최저시급에 하루 6시간만 근무하는 일이라지만 너무 순식간이라 허무할 지경이었다.

바로 다음 날부터 일을 시작했다. 서점이 넓었기 때문에 밀대로 바닥만 밀어도 땀이 송골송골 맺혔다. 시간이 짧아도 일할 수 있으니 감사했다. 들어오는 책을 장르별로 분류하고, 신청한 책이 제대로 들어왔는지 제목과 수량을 확인했다. 높은 선반에 위치할 책들은 사다리를 오르내리며 꽂았다. 서점에 장식으로 놓아둔 오래된 책들을 요리조리 배치하는 재미가 쏠쏠했다. 짬짬이 남는 시간마다 장식용 책을 마음껏 읽을 수 있는 것도 엄청난 보너스였다.

일을 마치면 단골 피시방에 들렀다. 야간 정액제로 결제하면 밤새도록 편하게 있을 수 있었다. 스스로 한심하다고 생각될 때도 있었지만 학교로 돌아가기는 싫었다.

아르바이트라는 핑계가 생기니 수업을 더 자주 빠지게 되었다. 당연히 학점은 바닥을 기었다. F로 안 떨어지는 게 신기했을 정도니까. 피시방에서 싸이월드 미니홈피 꾸미기, 도토리 모으기, 파도타기 하는 것이 훨씬 즐거웠다. 세이클럽 메신저로 고등학교 친구랑 이야기를 나누고 있는데 옆자리에 앉은 미진이가 헤드셋을 끼고서 뭔가 분주히 세팅하더니 아무도 없는 허공에 대고 말을 시작하는 게 아닌가. 그게 뭐냐고 물었더니 요즘 하는 애들도 많고 인기도 많은 음악 방송 중이라 했다. 화면 너머의 낯선 사람들과 자유롭게 대화를 나누고 사연을 받아 읽어주고 신청곡도 틀어준다니! 상상도 해보지 않은 일이었지만 미진이의 모습이 너무나 즐거워 보였다. 피시방에 가면 친구랑 메신저나 할 줄 알았지 고등학교 때도 유행하는 노래에 관심이 없었다.

한참을 뚫어지게 보고 있으려니 미진이가 나도 얼마든지 할 수 있다며 권했다. 어디에서 그런 용기가 났을까. 귀신에라도 홀린 것처럼 해보겠다고 했다. 컴퓨터에 앰프를 까는 방법부터 마이크와 헤드셋 사용법, 미디어 조절하는 방법까지 초고속으로 배웠다. 처음으로 마이크를 타고 화면 안에 있는 다른 세상에 목소리가 나가는 마법을 알았다.

새벽 4시를 조금 넘긴 시간, 잔잔하게 배경 음악을 깔고 개미 기어가듯 작은 목소리로 인사했다. 사람들이 화면 안으로 하나둘 들어왔다. 준비하고 시작한 방송이 아니었기에 파르르- 떨리는 내 목소리가 어색하고 민망한데 그조차도 설레었다.

조성모와 핑클, 김현정과 양파의 노래를 차례대로 틀었다. 이소라의 노래도 빼놓을 수 없었다. 첫 방송이었지만 두 시간을 넘겼다. 별거 아닌 이야기들을 나눴다. 무슨 노래를 좋아하는지, 커피는 먹는지, 노래는 잘하는지 물어보는 이도 있었다. 똑같이 피시방에 앉아서 듣고 있는 사람, 이른 새벽 출근 준비하며 듣는 사람, 방송 들으며 게임을 하고 있다고 쪽지를 보내온 사람도 있었다.

시작할 때 떨고 수줍어하던 사람은 어디 갔을까. 친한 친구처럼 수다를 떨다 보니 어느새 아침이었다. 화면 너머로 밝은 인사를 건넸다. "좋은 아침! 즐거운 하루 보내세요."

그날부터 서점 아르바이트가 끝나면 피시방으로 달려갔다. 신세계가 나를 기다리고 있었다. 누군가에게 나의 목소리가 전해지고 누군가의 시연을 읽어주고 공감하며 함께한다는 것이 꿈만 같았다.

온라인 음악 방송국에 들어가니 더 신기했다. 적게는 삼십 명에서 많게는 백 명이 넘는 사람이 나의 목소리를 들어주고 이야기를 하고 노래를 함께했다. 누군가와의 소통이 즐거운 일이라는 걸 처음 알았다. 시작은 호기심이었는데 하면 할수록 빠져들었다.

오후에는 서점에서 틈틈이 책을 읽으며 일하고, 저녁이 되면 피시방에서 음악 방송을 하는 이중생활이었다. 컴퓨터 앞에 앉아 새벽 내내 떠들어대니 피시방 주인아저씨도 팬이 되었다. 신청곡 좀 틀어 달라는 너스레에 웃고 떠들며 친해졌다. 음악 방송이 인연이 되어 단골 피시방 야간 아르바이트까지 하게 되었다.

음악 방송 시간을 채우기 위해 네이버에 비공개 카페를 만들고 대본을 구상했다. 자료를 찾기 위해 블로그와 카페를 샅샅이 뒤졌다. 미리 책을 읽고 좋은 글귀가 있는 페이지는 살짝 접어놓았다.

새벽 세 시부터 다섯 시까지 음악 방송을 했다. 배경 음악을 깔고 미리 써 놓은 오프닝 글을 읽었다. "안녕하세요. 파인캐스트 애기입니다." 방송 시작을 알리는 인사를 건넨 직후가 나는 가장 설렜다. 너나 할 거 없이 들어와 자유로이 인사를 나눴다. 서로 하루를 어떻게 보냈는지 묻고 답하다가 책에서 인상 깊었던 글귀를 들려주었다. 낭독이 끝나면 떠오르는 추억을 이야기했다.

마지막 30분은 신청 사연을 들려주는 시간이었다. 글을 읽고 신청곡을 틀다 보면 두 시간이 금방이었다. 애창곡이었던 강수지의 〈혼자만의 겨울〉은 절대 빠뜨린 적이 없었다. 방송을 하다가도 스스로의 모습에 놀라곤 했다. 말수 적고 늘 무표정이던 내가 이렇게 라이브를 하고 있다니.

새벽 시간에도 들어주는 사람들이 있었다. 특히 책 읽는 시간을 너무 좋아해 주었다. "목소리가 편안해서 좋다." "책 읽을 때는 딴 사람 같다." "라이브는 MR 빼고 목소리만 들려 달라." 온종일 떠들어도 좋아해 주었다. 민망하고 창피하면서도 한편으로는 기뻤다. 가슴이 두근거려서 시간 가는 줄도 몰랐다. 내가 설렜던 만큼 듣는 이들도 즐겁기를 진심으로 바랐다.

단골 식당을 찾는 것처럼 매번 들어와 주는 사람들이 너무나 고마웠다. 주인아저씨는 빙송하는 시간은 월급에서 뺄 거라 말하면서도 막상 방송이 시작되면 기다렸다는 듯이 서문탁 노래를 틀어 달라, 윤도현 밴드 노래를 틀어 달라 하시며 즐겁게 들어주었다. 음악 방송은 무채색 삶을 살아온 내게 너무나 신기한 놀이터였고 특별한 낭만의 시간이었다.

하지만 좋아하는 것만 할 수는 없는 법이다. 졸업도 못 했지만, 취직은 해야 했다. 대학 때 만나 짧지 않은 시간을 함께한 사람과도 서로의 오해와 갈등으로 이별했다. 그래, 혼자 사는 것도 나쁘지 않으니 회사나 열심히 다니자 마음먹었다.

그렇게 들어가게 된 곳이 자동차 부품 회사였다. 흥은 사라졌지만 나름대로 회사 생활에 적응하려 노력했다. 가만히 앉아서 하는 일은 성격상 맞지 않았기에 일어서서 돌아다니거나 서서 하는 일을 했다. 책을 읽거나 글을 쓰는 건 좋아했지만 종일 컴퓨터만 노려보며 숫자만 입력하고 있기는 싫었다.

사무직이 적성에 맞지 않았다. 온종일 앉아서 보고서나 작성하고 있으려니 지루하기만 했다. 내가 싫었던 건지, 아니면 그냥 괴롭히고 싶었던 건지 여전히 속은 알 수 없지만, 직장 상사는 입사 첫날부터 나를 이리저리 빙빙 돌렸다.

하루는 부품 검사를 했다가 다음 날은 조립 부서로 넘어갔다. 상자 접는 일에 익숙해질 만하니 볼트 박는 일을 시켰다. 무뚝뚝한 말투와 무표정한 얼굴도 미운털이 박히는 데 한몫했을 거다. 짧으면 반나절, 길어도 하루마다 일이 바뀌었다.

이내 대놓고 심부름꾼 취급이었다. 서류를 파쇄하고 와라. 쓰지도 않는 작은 부품 상자에서 불량을 골라내라. 나중에는 억울하지도 않았다. 일종의 체념이랄까. '그래, 네 마음대로 해라.' 그냥 주어진 일이나 열심히 하자며 마음을 다잡았다.

어느 날인가 상사가 또 다른 작업장으로 데려갔는데 그곳에서 남편을 만났다. 하늘색 니트 티셔츠에 베이지색 면바지, 새카만 머리카락이 단정했다. 첫 데이트에 돼지갈비가 웬 말인가 싶었지만 나도 먹는 데 진심인 사람이라 양보는 없었다. 서로 대결이라도 하듯 공깃밥과 함께 7인분을 먹어치웠다. 그래도 무뚝뚝한 나와 달리 편안함을 느끼게 만드는 사람이었다. 연애하면서 카페 한번 같이 간 적 없는데도 싫지 않았다. 2년 반의 연애 끝에 결혼 승낙을 받았다.

순탄할 줄 알았지만 결혼 생활은 쉽지 않았다. 아기를 가지기 위해 한약만 2년 넘게 먹었다. 인공 수정과 시험관 시술을 하면서 몸의 균형도 깨졌다. 난임으로 고달팠던 시간을 지나 두 아들을 만난 건 축복이었다. 남편과 두 아이가 함께하는 것만으로 감사한 일이라 여겼다.

하지만 행복했던 시간도 잠시뿐이었다. 첫째 아들은 발달장애 진단을 받았고 둘째가 돌이 되기도 전에 자궁암 판정을 받았다. 대학 병원에서 암을 확진 받는 순간 머릿속에 종소리가 댕- 울리는 기분이 들었다. 산정 특례를 신청하라는 간호사의 말을 흘려듣고서 넋 빠진 얼굴로 집으로 향했다.

다리 수술을 받은 지 얼마 되지도 않았는데, 아이는 어떻게 해야 하지? 나는 어쩌지? 가로등 하나 없는 깜깜한 길 위에 홀로 선 기분이었다. 불행 중 다행이랄까. 두 번의 수술을 치르는 동안 엄마가 첫째를 데리고 발달 센터를 다녀주셨고 시댁에서 둘째를 돌봐주셨다. 수술 이후 왼쪽 발목 보호대를 풀고 재활 운동을 하면서 쉬었지만, 통증은 만성이 되었다. 발목 관절이 굳어 꿇어앉는 자세도 어려워졌지만 마음을 다잡으려 애썼다. '걸을 수 있으면 된 거지. 몸에 장기도 떼어 냈는데 이 정도는 충격이랄 것도 없는 거야!'

첫째 아들이 발달 센터를 다니기 시작한 반년 동안은 국가 지원은커녕 교육청 지원도 받지 못했다. 아이는 언어 수업을 받는 5개월 내내 울다가 나왔다. 어쩌다 수업을 얌전히 들어가나 싶었던 날에도 분리 불안 때문에 결국 같이 들어가거나 문 앞에 앉아 보초를 서야 했다. 어르고 달래며 6개월 동안 치료 기록을 모아 아들과 함께 병원에 갔다.

의사 선생님은 아들을 관찰하시더니 장애 등록도 생각해 보라 했다. 망치로 뒤통수를 얻어맞은 것 같았다. 벌어진 입 사이로 독이 든 공기가 들어왔다. 아들의 손을 잡고 멍하니 병원을 나섰다. 가슴 위에 바위 더미를 쌓아놓은 것만 같았다. 현관에 들어가니 둘째 아들의 해맑은 얼굴이 엄마와 형을 반겼다.

 금방이라도 울음이 터질 것 같았지만 빨개진 얼굴로 애써 미소를 지었다. 남편에게도 말하지 않고 첫째 아들의 검사를 진행했다. 검사 결과가 나온 날, 선생님이 이리저리 말을 돌리시는 게 느껴졌다. 어떤 말이라도 솔직한 결과를 들어야 다음을 볼 수 있다는 생각뿐이었다. 숨기지 말고 말해달라고 했다. 아직 어려서 지능 지수를 평가할 수 없지만, 검사 결과만으로도 장애 등록은 가능하다고 했다. 한 살이라도 어릴 때 등록하는 편이 좋다고 했다.

 "어머니, 솔직히 경험상 성장 가능성이 희박해 보여요. 이건 마라톤이니 길게 보세요. 장애 등록하시고 지원받으면서 가세요." 분명 머리로는 알아들었지만, 마음으로 받아들였는지는 알 수 없었다. 혼자 결정할 일이 아니었기에 남편과 양가에도 사정을 말했다. 시댁과 친정은 생각보다 수월하게 받아들였지만, 남편에게는 시간이 필요했다. 남편도 결론은 하나라는 걸 알았기에 결국 받아들였다.

아들이 앞으로 살아가려면 꼭 필요한 과정이었다. 나는 엄마다. 아이를 위해 뭐라도 해야 했다. 해야 할 일들을 하나씩 처리해 나갔다. 장애 등록 서류를 제출하고 한 달이 지나자 첫째 아들의 복지 카드가 날아왔다. 단단히 마음먹었어도 막상 아들의 이름 앞에 '장애'란 수식어가 따라다닐 것을 생각하니 숨을 쉴 수가 없었다.

조용한 거실에서 한참을 소리 죽여 울었다. 감정이 없어서 눌러 담고 참은 게 아니었다. 버틸 듯 쓰러질 듯 잡은 다짐마저 흔들리고 싶지 않았다. 엄마로서 내가 할 일은 최선을 다해 아이에게 가능성을 열어주는 것뿐이었다. 넉넉한 형편도 아니고 모은 돈도 많지 않았다. 생활비의 반이 센터 비용으로 나가니 무슨 일이라도 해야만 했다.

오전에 아이들을 어린이집에 보내고 나면 교차로와 벼룩시장 신문을 들고 집에 돌아왔다. 매일 채용 공고만 뚫어지게 쳐다보며 일자리를 찾았다. 부업이든 뭐든 상관없었다. 낮에 아이를 데리고 센터 다닐 시간만 확보된다면 뭐라도 괜찮았다. 하지만 아이들이 어리니 빠질 일이 많다는 이유로 이력서를 내는 회사마다 떨어졌다. 남은 선택지는 일용직이나 식당 야간 아르바이트 정도였다.

한 푼이 아쉬운 입장이라 새벽에 일어나 신문을 돌렸다. 사장님이 정해진 구역에 내려주면 신문 200부를 다 돌리고 기다렸다가 다시 차를 타고 퇴근하는 일이었다. 자전거를 탈 줄 모르지만 할 수 있다고 잡아뗐다. 뭐라도 덤벼서 해야만 했다.

새벽 4시 30분, 신문이 든 가방을 메고 길잡이 해주는 사람을 따라가며 신문을 던졌다. 시골에서 마늘 묶음 들어 트럭 위로 던져 올리던 일에 비하면 이 정도는 껌이라 생각했다. 온종일 고추 포대 들고 나르던 것에 비하면 신문 200부 들고 걷는 건 일도 아니었다.

며칠 길잡이 해주던 사람이 이젠 혼자 해도 되겠다며 구역을 맡긴 후부터 매일 혼자 신문을 돌렸다. 다 돌리는 데 두 시간 정도 걸렸다. 집에 오면 아이들을 어린이집에 보낼 시간이었다. 일주일도 못 버틸 줄 알았는데 꾸준히 돌리니 사장님도 만족해했다. 신문을 다 돌리고 나면 손수 밥을 지어주었다. 얻어먹는 밥인데도 아이를 데리고 다니며 대충 때우는 김밥 한 줄보다 훨씬 맛있었다. 일을 시작하고 석 달째, 회사 사정이 어려워지면서 일을 그만두게 되었다.

낮에 아이와 같이 센터를 다니려면 할 수 있는 일은 결국 식당 야간 근무뿐이었다. 밤 10시부터 새벽 마감 시간까지 일했다. 이십 대 초중반에 하던 말랑말랑한 아르바이트와는 피로감부터 달랐다.

아르바이트하면서 별별 이상한 사람을 다 겪었다. 식당에 일한다고 하인 취급하는 손님, 소주 마시고 취해서 막말 내뱉는 손님, 팁이라며 오천 원을 쥐어주는 인간도 있었다. "이 새끼가 진짜 거지 취급하나?" 돈을 집어 던지고 거친 말을 내뱉은 적도 있었다.

손님이 난동을 부려 사장님이 경찰에 신고하고서야 상황이 종료된 적도 많았다. 퇴근 때는 버스가 다니지 않는 새벽이라 주방 이모가 같은 방향의 길 끝에 내려주면 집까지 오십여 분을 걸어와야 했다.

집에 도착하면 아침 여섯 시. 한 시간 쪽잠을 자고 아이들을 등원시키고 다시 잠을 청했다. 평일에는 식당을 다니고 주말에는 물류센터에 나갔다. 온종일 커다란 끌차를 끌고 PDA 기계에 찍힌 물품을 수량만큼 옮기기를 반복했다.

운 좋은 날은 가벼운 손수건 세트나 문구류가 걸렸지만, 재수 없는 날은 10킬로그램짜리 동물 사료나 쌀이 걸렸다. 음료수 상자는 또 어찌나 무거운지. 아침 9시부터 저녁 6시까지 끌차에 물건을 담고 날랐다.

하루에 이만 보는 거뜬히 넘겼다. 퇴근 버스에 타면 무릎이 벌겋게 달아올라 있었다. 그래도 퇴근 버스 안에서 잠시 피곤을 달랠 수 있으니 다행이었다. 일주일에 두 번 편의점 야간 아르바이트하러 가는 날이면 유통기한이 지난 샌드위치나 김밥, 햄버거, 도시락으로 끼니를 때웠다.

독종으로 살지 않으면 먹고사는 것부터 문제가 생기니 뭐든 다 했다. 힘들어도 눈물을 흘리지 않았다. 울음을 터뜨리는 순간 무너져버릴 것만 같았다. 사랑하는 아이들에게 우는 엄마를 보여주고 싶지 않았다. 아무리 열심히 뛰어도 구멍 난 항아리에 물을 붓는 것 같았지만 엄마라면 당연히 해야 하는 일이라며 마음을 다잡았다. 오랫동안 밤을 낮이라 여기며 살았다.

첫째 아들의 유치원 졸업을 앞둔 2019년 12월 유방암 판정을 받았다. 항암 치료에 들어가면서 고단했던 올빼미 엄마 생활은 끝을 맞이했다. 수술을 받고 항암 치료를 하면서도 첫째 아들 손을 잡고 발달 센터에 갔다. 첫째 아들의 절망과 눈물도 같이 겪었다. 센터 비용, 병원비로 난 구멍은 틈틈이 남의 집 청소 도우미를 나가서라도 메꾸려 했다. 아이들 간식값이라도 벌려고 애썼다.

　첫째가 초등학교에 입학하고는 담임선생님에게 많은 도움을 받았다. 상담과 조언, 응원이 큰 힘이 되었다. 어떻게든 가능성을 열기 위해 노력하는 모습을 봐주는 이가 있었기에 살았다. 함께 걸어주는 이가 없었다면 힘든 항암 치료를 견디지 못했을 거다. 물론 내 마음을 살피지 못한 까닭에 오랜 시간 함께한 사람에게 지울 수 없는 상처도 남겼다. 미로 같은 세월을 지나는 동안 평생 갈지도 모를 고질적인 장애도 얻었다.

　살고 싶어서 책을 읽고 필사를 했다. 미친 사람처럼 죽어라 글을 썼다. 마음을 풀기 위해, 자유롭기 위해, 나로 살기 위해 했던 선택이 우연을 인연으로 연결해줬다. 밖으로 나갈 수 있는 용기를 주었다. 다시금 현재를 바라보게 해주었다.

　나의 20대는 글과 노래가 함께하는 낭만의 시간이었다. 책 읽는 시간이 행복했고, 낯선 사람들과 이야기하기 위해 준비하는 내가 좋았다. 나의 30대는 하루를 살아내기에도 버거운 세월이었다. 하지만 낮과 밤을 바꿔서라도 지키고 싶은 누군가가 있었으니 그걸로 됐다. 그것 또한 내 사랑의 방식이었으니 후회하지 않는다. '그럼에도 불구하고 할 수 있다'라는 말을 주문처럼 외우며 다시 되돌아가려야 갈 수 없는 시간을 지나왔다.

나의 40대는 고질을 안았다. 감정 없이 붙잡은 글쓰기가 살아가는 힘이 되고, 오롯이 글과 시와 마음을 담고 싶어졌다. 빗을수록 빛이 나는 여인의 머릿결처럼 앞으로의 삶도 어여삐 안아주기로 했다.

V

언어는 달라도 마음은 통한다

문미영

문미영

영어영문학을 전공하고 TESOL을 수료했다.
대학교 2학년 '월드그린에너지포럼' 통역을 시작으로,
'제30차 경주 FAO 아시아·태평양 지역총회', 'G20 경주재무장관회의',
'포항국제불빛축제', '부산국제코미디페스티벌' 등의
국제행사에서 다양한 통역 경험을 쌓았다.
결혼 후 마음을 글로 번역하는 '작가'로서의 삶을 시작했다.
개인 저서로 《기다림의 고백 그리고 희망을 향한 여정》,
공저로 《글로 옮기지 못할 인생은 없습니다》, 《책 한잔 어때요》,
《나를 살게 하는 빛, 격려》, 《평범한 날들을 특별하게 만드는 글쓰기》,
《오늘도 덕분에 숨을 쉽니다》, 《파도처럼 스친 휴가》, 《노을이 여운이 된다》가 있다.

인스타그램 @miyoung_writers

언어는 달라도
마음은 통한다

✽ ✽ ✽ ✽ ✽ ✽ ✽

　엄마는 부산에서 은행원으로 일하다 결혼하면서 그만두었다. 고향을 떠나 낯선 도시에 적응하는 것도, 더 이상 출근할 곳이 없다는 사실도 엄마에게는 스트레스였으리라. 그래서일까? 유독 육아를 힘들어하셨다. 집안일을 할 때마다 영어 비디오나 영어 노래를 틀어주셨다. 보채는 아이를 달래기 위함이었지만 엄마 덕분에 영어를 자연스럽게 놀이처럼 받아들이게 되었다. 영어로 된 애니메이션을 틀어주면 나는 자리에 앉아서 얌전히 화면을 보고 있었다. 신나는 영어 노래가 나오면 춤을 추기도 했고 뜻도 모르면서 중얼중얼 따라 하기도 했다.

초등학교에 들어가자 이제 겨우 알파벳을 뗀 나를 영어회화 학원에 보내셨다. 포항공대 교수의 배우자가 소수의 아이들을 모아 영어를 가르치셨다. 문법보다는 회화 위주로 수업을 하셨고 오직 영어로만 대화를 하도록 시키셨다. 단어가 생각나지 않으면 사전을 검색해서라도 영어로 말해야 했는데 그때 실력이 많이 늘었다.

내가 자신감을 보이자 엄마는 본격적으로 영어 공부를 시켜야겠다고 마음먹으셨다. 당시 유행하던 '윤선생 영어교실'에 등록했다. 매주 선생님이 방문하셔서 숙제 검사를 하고 진도를 나갔는데 다음 날 아침 등교하기 전까지 본문을 달달 외워야만 했다. 도무지 암기가 되지 않아 선생님 몰래 책을 펼쳐놓고 읽은 적도 많았다. 외우고 채우고 주입식으로 배우니 싫증이 나기 시작했다. 바라던 결과가 나오지 않아 결국 학습지를 중단하게 되었다.

내가 다니던 초등학교는 사립이어서 당시에도 원어민 강사가 있었다. 뉴질랜드에서 오신 선생님이었는데 아이들이 잘하지 못하거나 주저하면 화를 냈었다. 학습지는 끊어도 학교에 가지 않을 수는 없으니 억지로라도 꾸역꾸역 영어를 하게 되었다.

중학교에 올라가니 시내의 여러 초등학교에서 온 친구들과도 같은 반이 되었다. 이미 영어를 배우고 온 우리와는 달리 다른 초등학교에서 온 친구들은 영어를 잘하지 못하였다. 알파벳을 배우기 시작한 친구가 있었고, 영어책을 아예 읽지 못하는 친구도 있었다. 영어 선생님은 수업 시간마다 번호를 호명하여 영어책을 읽으라고 시켰다. 그 친구들에게는 스트레스였겠지만 나는 오히려 즐겁고 재미있었다. 영어가 재미있으니 다른 과목 시험공부도 문제없이 할 수 있었고 덕분에 상위권 성적을 유지할 수 있었다.

고등학교에 올라가서는 다른 과목에는 흥미를 잃었지만, 영어와 일본어 과목만은 재미있었다. 영어 선생님을 좋아하기도 했었다. 선생님에게 잘 보이고 싶어 일부러 예습도 해가고, 복습도 하면서 모르는 문제가 생길 때마다 질문했다. 쉬는 시간에도 질문하고, 수업이 끝나고도 질문하고 교무실에 자주 들락거리니 다른 선생님들 사이에도 소문이 나기 시작했다.

영어 과목에서는 전교 1등을 한 적도 있고, 모의고사에서도 상위권이나 2등급까지 나오니 더 신나서 공부를 했다. 내가 제일 좋아했던 영어 선생님은 '카투사' 출신이셨다. 발음이 뛰어

나진 않았지만 영어에 대해 아는 것이 많았다.

노트에 한국어 문장을 3페이지 정도 적어서 번역해 달라 부탁드린 적이 있었는데 한 치의 망설임도 없이 술술 옮겨 쓰시는 게 아닌가. 그야말로 일필휘지, 그 모습이 어찌나 멋있어 보이던지.

그때부터 통번역사가 되고 싶다는 막연한 꿈을 키우게 되었다. 그렇게 나의 진로는 '영어통번역학과'로 정해졌다. 하지만 오로지 한 우물만 파다 보니 점점 다른 과목 성적이 바닥을 쳤다. 밸런스가 맞지 않으니 수시에 합격해도 면접에서 떨어뜨렸다. 내가 수능을 쳤던 2006년에는 내신 점수는 기본이고 수시더라도 수능 최저등급 조건을 충족해야 최종 합격할 수 있었다. 그래서 고심 끝에 '영어특기자' 전형으로 지원했다.

계명대학교 KIC(국제대학교) 외교학과는 내신 성적에서, 숙명여대 영어영문학과는 면접에서 탈락했지만 대구대학교 영어영문학과에서 최종 합격 연락을 받았다. 대구대학교 영어영문학과가 알아준다는 지인들의 말을 들으니 합격 소식이 더 반가웠지만 며칠 뒤, 예비 합격 후보였던 동국대학교 경주캠퍼스에서도 연락이 왔다. 최종 합격이라고 했다. 반쯤 포기하고 있었는데 내 차례까지 왔다는 사실이 놀라웠다. 당장 대구대학교 입학 담당 직원에게 입학 취소 전화를 걸었다.

영어영문학과 전공이지만 1학년 때는 교양 필수와 교양 선택, 전공 필수를 다 들어야 했다. 시사영어 수업 시간에 교수님이 갑자기 질문을 던지셨다. "고등학교 때 다 배웠던 문법이지만 질문 하나 할게요. 그래도 대학생인데 이 정도는 다 알고 들어왔겠죠? 이 문장에 쓰인 to 부정사 용법은 무엇일까요?"

순간 강의실은 쥐 죽은 듯 조용해졌고 동기들은 서로 눈치만 보고 있었다. 그때 내가 나섰다. "제가 해보겠습니다!" 손을 번쩍 들고 일어나 자신 있게 "to 부정사의 형용사적 용법입니다. to 부정사가 앞에 나온 명사를 수식하고 있거든요. '~하는', '~할'이라는 뜻으로 해석됩니다."라고 대답했다. 교수님도 놀라신 눈치였고 동기들은 대단하다며 치켜세웠다. 쑥스러웠지만 많은 사람들에게 실력을 보여줄 수 있어 뿌듯했다.

교수님은 그날 이후로 내 이름을 기억하시곤 수업 시간이면 질문을 던지시곤 했다. 영어특기자로 입학했다는 사실을 알고 나에게 많은 관심을 보여주셨다. 회화 수업을 담당했던 미국 원어민 교수도 내 영어 실력을 칭찬했다. 외국에 살다 온 것도 아닌데 어쩜 이렇게 유창하냐고 했다.

영어 회화를 포함한 영어 과목은 못 해도 A학점을 받았지만, 2학년부터 받게 된 문학 전공 수업이 문제였다. 영어는 좋아했지만 문학에 관심을 두지 않았다. 한국문학도 제대로 알지 못하는데 심지어 영미문학이라니! 에밀리 브론테가 쓴 《폭풍의 언덕》과 너대니얼 호손의 《주홍글씨》, 스콧 피츠제럴드가 쓴 《위대한 개츠비》 같은 낯선 작품들이었다.

또 셰익스피어 작품도 반드시 배워야 했는데 고어가 어려워 애를 먹었다. 수능을 준비할 때 언어영역에서 가장 힘들었던 분야가 시였는데 영어로 된 시를 읽으려니 스트레스였다. 전공이 지겹고 어려우니 점점 공부를 소홀히 하게 되었다. 교외 활동에 관심을 보이기 시작했고 연애가 하고 싶었다.

과 동기를 통해 경영학과 3학년 남자 선배를 소개받았다. 4살 연상이었는데 나보다 영어를 잘했다. 국제언어교류원에서 일을 하고 있었기에 영어에 관한 이야기로 가까워졌다. 선배의 고백으로 연애를 시작했다. 그는 나의 학교 활동과 공부에 많은 관심을 보여주었다. 동아리에 들거나 학과 모임에 잘 참석하지 않다 보니 아는 사람이 없어 막막할 때가 많았는데 그가 든든하게 채워주었다. 다정다감한 성격은 아니었지만 진로 고민을 들어주고 상담도 잘해주었다.

학생 식당에서 함께 점심을 먹고 있는데 그가 생각도 못 한 제안을 했다. "미영아, 경주 현대호텔에서 10월 8일부터 11일까지 '월드그린에너지 포럼' 행사가 있는데 영어 통역 한번해볼래? 나도 참여할 거야. 원한다면 이름 올려둘게." "통역이라고요? 저는 경험도 없고 영어를 그렇게 잘하지도 않는데요. 제가 정말 할 수 있을까요?" "그럼. 전문 통역은 통역사가 하실 거고 우리는 그냥 안내데스크에 앉아서 안내해 주거나 도와주면 돼. 외국인들이 영어로 뭘 물어보면 대답만 해주면 되는데. 어렵지 않고 간단해."

그렇게 국제행사라는 곳에 처음 가게 되었다. 하지만 회화가 유창한 편이 아니라서 안내를 하는 데 애를 먹었다. 에너지에 대한 제반 지식도 부족했고 행사 내용에 대해 전반적으로 숙지가 부족했다. 긴장하니 쉬운 단어조차 떠오르지 않아 식은땀만 흘렸다. 어찌어찌 행사를 마쳤지만 후련함보다 분한 마음이 앞섰다. '더 잘할 수 있었는데.' '나는 이것보다 더 나은 사람인데.' 분함은 행사장에서 느꼈던 설렘에 불을 붙였다.

비록 선배와의 짧은 연애는 막을 내렸지만 통역에 대한 사랑은 그때부터 시작되었다. 원인을 알 수 없는 열병을 앓던 어느 날, 고향인 포항에서 국제 불빛 축제가 열린다는 소식을 들었다. 예전이라면 흘려 넘겼을 이야기였지만 이제는 상황이 달라졌다. 두 눈 질끈 감고 이력서를 제출했다. 영어 전공자에 포항 시민이라 바로 면접 보러 오라는 연락을 받았다.

면접 대기실에서 준비해 간 예상 질문과 답변을 달달 외웠다. 예상했던 질문도 있었지만 생각지 못한 질문도 많았다. "국제 행사 통역 경험은 있으신가요?" "만약 외국인이 당황스러운 행동을 하거나 행사 스태프들의 실수로 인해 행사 진행에 차질이 생긴다면 어떻게 대처하실 건가요?" "외국 유학 경험은 있으신가요?" "당신의 영어 실력은 어느 정도라고 생각하시나요?" 긴장됐지만 하나씩 솔직하게 답했고 통역 진행 요원으로 최종 합격했다. 축제 기간은 7월 23일부터 26일까지였지만 불꽃 장비 설치는 최소 일주일 전부터 해야 했다.

내가 맡은 국가는 폴란드였다. 화학약품이나 불꽃과 관련된 용어를 모르니 통역이 쉽지 않았다. 불빛을 쏠 기구를 설치할 때 음악과 조화가 맞아야 하는데 폴란드팀원들 중 영어가 가능한 사람은 한두 명뿐이었다. 그나마 음악 담당 직원이 영어가 어느 정도 가능해서 다행이었다. 한여름 땡볕 아래 서 있기만 해도 힘든데 장비까지 설치하려니 죽을 맛이었다. 그래도 좋은 사람들과 함께였기에 웃으며 일할 수 있었다.

폴란드는 교황의 나라라고 했다. 모국어가 폴란드어다 보니 한국처럼 영어를 외국어로 사용한다고 강조했다. 행사를 준비하는 과정에서 난생처음 공영방송 기자와 인터뷰까지 했는데 편집되어 방송에는 나오지 않았다. 못내 아쉬웠지만 아리랑이라는 영어 방송국에 뒷모습으로나마 출연한 걸 위안으로 삼았다.

7월 23일 본격적인 행사가 시작되었다. 한국의 축하 불꽃을 시작으로 일본, 폴란드, 캐나다가 불꽃을 쏘아 올렸다. 내가 보기엔 폴란드의 불꽃이 가장 예뻤다. 그들의 땀과 열정을 모두 지켜봤기에 불꽃 하나하나가 달라 보였다. 아쉽게도 일본에 밀려 폴란드는 준우승에 그쳤지만 한화에서는 통역을 잘해주어서 감사하다며 다음에 또 불꽃축제 진행을 하게 되면 먼저 연락드리겠다고 했으니 그래도 소정의 성과는 있었던 셈이다.

축제가 끝나고 나니 한여름 밤의 꿈을 꾼 것만 같았다. 다시 꿈을 꾸고 싶었다. 영어영문학과이다 보니 학과 게시판에 국제

행사 스태프 모집 글이 자주 올라왔다. 매일 지나가며 꼼꼼히 들여다보았는데 내 눈에 확 들어온 행사가 있었다. 9월 27일부터 10월 1일까지 현대호텔에서 개최되는 '제30차 FAO 아·태(아시아태평양) 지역총회'에서 스태프를 모집하고 있었다. 농식품부와 경주시, 그리고 FAO 아·태 지역 사무소 및 한국협회에서 주관하는 행사였다. 43개 회원국이 참여하는 큰 행사였기에 봉사활동이었지만 서류전형에 면접까지 진행했다.

나를 비롯해 합격한 학생들 중 몇몇은 'VIP 수행 통역'을 맡게 되었다. 장관이나 차관급 국빈들을 모시고 통역해 주는 역할이었다. 목걸이형 명찰과 유니폼을 제공했는데 VIP 수행 통역은 하얀 블라우스에 정장 치마였고 일반 통역은 파란색 블라우스였다.

VIP 수행 통역을 했던 친구 중에는 중국인도 있었는데 중국어와 영어, 한국어가 다 가능해서 부럽기도 했다. 내가 통역을 맡았던 사람은 바티칸에서 온 VIP였다. 바티칸이라는 나라를 처음 들어봤는데 교황의 나라라고 했다. 바티칸에서 온 VIP는 성품이 조용하고 도움받는 걸 어색해하는 분이셨다.

마지막 날, 1부 행사가 끝나고 쉬는 시간에 동기들과 대화를 하면서 시간을 보내고 있는데 한 중년의 신사분이 다가오셨다. 동티모르라는 나라에서 온 차관이었는데 한국에 처음 왔다고 하시며 이것저것 물어보시고 동티모르라는 나라와 문화에 대해서 들려주셨다.

지금도 정확히 기억나는 한마디가 있다. "나는 한국에 처음 왔다. 한국이라는 나라에 대해 들어본 적이 없어서 오기 전까지 궁금하고 걱정도 되었는데 막상 와 보니 너무 좋다. 특히 너희들과 같은 한국인들이 잘 웃고 친절하고 미소가 아름다워서 한국이라는 나라의 이미지가 좋아졌다. 또 한국에 와보고 싶다. 내가 선물을 주고 싶은데 괜찮을까?"

그러면서 동티모르 전통 스카프를 선물로 주시는 게 아닌가. 이국적인 느낌이 나는 붉은색 스카프였다. 세월이 흘러 스카프는 어디로 가버렸는지 알 수 없게 되었지만 지금도 동티모르에 관련된 뉴스를 보면 그분의 얼굴이 떠오른다.

행사가 끝나고 학교로 들어와 전공 수업을 들었지만, 마음은 딴 곳에 가 있었다. 뻔질나게 학과 게시판을 들락거렸다. 일주일도 지나지 않아 또다시 보물섬을 발견했다. 이번엔 경주 G20 재무장관회의 스태프를 모집한다는 게 아닌가. 10월 21일부터

10월 23일까지 현대호텔과 힐튼호텔에서 진행되는 행사였다. 개회식에 축하 연설자로 이명박 대통령이 오셨다. 키 크고 듬직한 경호원들의 보호를 받으며 입장했다. 대통령을 이렇게 가까이에서 본다는 사실이 그저 신기해서 연설 내용은 들리지도 않았다.

무사히 G20 회의를 끝냈지만 이제 현실로 돌아올 시간이었다. 밀린 학과 공부와 취업 준비로 바쁜 시간을 보냈다. 휴학 없이 대학교를 바로 졸업했지만 진로에 대한 고민은 계속되었다. 전공을 살려 일을 해야 할지 다른 분야로 취업해야 할지 쉽게 답을 내릴 수가 없었다.

그때 엄마가 '초등학교 영어회화 전문 강사'를 해보라고 권했다. TESOL 수업을 듣기 위해 주말마다 영남대학교로 향했다. 시외버스를 타고 가서 근처 모텔에서 숙박하며 열정적으로 수업에 참여했다. 영어를 모국어로 하지 않는 외국인에게 영어로 가르치는 수업이다 보니 모든 수업을 영어로만 진행했다. 쉬는 시간에도 한국어로 대화하면 벌점을 받았다.

문법, 독해, 말하기를 영어로 수업 시연하였고, 나는 독해 파트를 맡아서 수업을 진행하였다. 다행히 꽤 높은 점수로 수료할 수 있었지만, 영어회화 전문 강사는 면접에서 탈락하고 말았다. 긴장한 탓에 수업 시연에서 실력을 발휘하지 못한 까닭이었다.

낙심했지만 놀고 있을 수만은 없었다. 포항의 영어 학원 강사 모집 공고에 이력서를 냈다. 영어영문학 전공자이고 '정부 영어장학생'으로 방과 후 영어 수업 경력이 있다는 사실도 어필했다. 학원에서 초등학생과 중학생을 가르치게 되었다. 열정적으로 일했지만 원장은 퇴직금을 지급하기 싫었는지 이상한 평계를 대며 11개월 차에 해고했다.

다른 영어 학원으로 이직했지만 이제 갓 대학을 졸업한 20대의 젊은 아가씨가 영어를 가르치니 학부모의 컴플레인이 많이 들어왔다. 게다가 원장도 강사 귀한 줄 모르고 함부로 대했다. 밤늦게 퇴근하고 스트레스가 심하다 보니 몸이 망가지기 시작했다. 3년을 버티다 일을 그만두었다.

또다시 꿈이 고개를 내밀기 시작했다. 2013년에는 월드비전 편지 번역 봉사를 했고 포항 국제바다공연예술제에서 캐나다 공연팀의 통역 및 진행보조도 맡았다. 2014년에는 '제5회 부산

항 빛축제 행사'에서 안내를 맡았고, 조인어스코리아에서 온라인 번역을 하기도 했다. 결혼하기 한 달 보름 전에도 '부산국제코미디페스티벌'에서 뉴질랜드 공연팀의 통역을 맡았다.

어떻게든 꿈을 이어가고 싶어 번역 아르바이트도 1년 정도 했다. 각종 증명서를 번역하는 일이었지만 경력이 될 거라 믿었다. 하지만 난임으로 힘겨운 시간을 보내야만 했다. 꿈에서도, 나에게서도 멀어진 세월이었다.

20대 후반이라는 이른 나이에 결혼해서 임신에 대해 조급해하지 않았다. 노력하지 않아도 저절로 아기가 생길 줄 알았다. 하지만 3년이 지나도 아이가 생기지 않았다. 2번의 인공수정 실패, 6번이 시험관 시술과 4번의 유산을 겪으며 몸과 마음이 망가지기 시작했다. 우울감과 무력감이 스며들었다. 하지만 절망에만 빠져 있을 수는 없었다.

독서와 글쓰기로 서서히 나를 되찾았다. 흐르는 세월만큼 이야기가 쌓여갔다. '작가'로서의 삶을 시작했지만, 통역사의 꿈을 놓지는 못했다. 그래서 지금도 꾸준히 영어 공부를 하고 있다. '전문영어통역'과 '전문영어번역', '비즈니스영어번역', '비즈니스영어통역', '영어자막번역사' 등의 자격증도 땄다.

멘토로 삼는 박소운 통역사가 쓴 두 번째 책인《나의 마지막 영어 공부》에 영어 공부 관련 인터뷰이로 인터뷰를 진행하기도 했다. 통번역 분야의 멘토들을 만나 정보를 얻고 배우고 있다. 언제든 불러준다면, 아니 맨발로 달려가서라도 언어와 언어, 사람과 사람을 잇는 설렘을 다시 맛보고 싶다.

햇살 아래
나무처럼 자라는 아이들

오햇살

오햇살

국어국문학을 전공하고 논술 학원 강사를 거쳐
지금은 논술 교습소를 운영하고 있다.
아이들의 글 속에서 빛나는 생각들을 발견하고,
아이들이 자유롭게 마음을 펼치도록 돕는 일을 사랑한다.
여행을 좋아하고, 향기로운 커피를 즐기며
마음이 여유로운 삶을 꿈꾼다.

햇살 아래
나무처럼 자라는 아이들

아침 햇살이 창문 안으로 스며들 무렵 집을 나선다. 내가 운영하는 교습소는 초등학교 후문 앞 작은 건물에 자리하고 있다. 집에서 교습소까지는 그리 멀지 않아 늘 걸어서 출근한다. 걷는 동안 마주하는 풍경들은 매일 같으면서도 항상 새롭게 느껴진다. 아파트 단지를 지나 작은 공원을 가로지를 때면, 이슬을 머금은 풀잎들이 반짝이고 학교 운동장에서 체육 수업 중인 아이들의 활기찬 웃음소리가 들린다.

교습소 문을 열고 들어서면 지난 저녁까지 아이들의 열기로 가득했던 공간이 차분하게 나를 맞이한다. 출입문을 활짝 열어

밤새 묵은 공기를 내보내고 시원한 아침 공기를 가득 들인다. 집에서 직접 내려온 따뜻한 커피 한 잔을 손에 들고 컴퓨터를 켠다.

아이들과 함께할 책을 고르는 과정은 언제나 설렌다. 어떤 이야기가 아이들의 눈을 반짝이게 하고, 또 어떤 책이 새로운 생각의 길을 열어줄지를 고민하면서 신중하게 수업 도서를 결정한다.

각 학년별 발달 단계와 흥미를 고려해 아이들에게 잘 맞는 책을 찾아내는 데 신경을 많이 쓰는 편이다. 초등학교 저학년에겐 책 읽는 재미와 등장 인물들에게 공감하는 기쁨을 주는 책이 좋고, 고학년에겐 여러 분야의 지식을 접하며 생각을 넓히는 책이 필요하다. 중학생에겐 다양한 분야를 아우르며 스스로 생각을 만들어가도록 돕는 책이 필요하고, 고등학생에겐 입시와 직결된 책이 우선이다.

아울러 베스트셀러 또한 중요한 도서 선정 기준 중 하나다. 그때그때 화제가 되고 있는 책을 읽고 함께 이야기를 나누며 동시대를 공감하고 이해해 볼 수 있기 때문이다. 그래서 최근에는 사람들이 어떤 책에 관심을 가지고 있는지, 어떤 주제에 흥미를 느끼는지를 파악하기 위해 근처 대형 서점에 자주 들르고, 온라인 서점의 베스트셀러 목록도 꼼꼼히 살펴본다.

한 주 동안의 수업 도서 목록을 확인하고 나면 본격적으로 교재 연구에 돌입한다. 교습소를 운영하면서 가장 중요하게 생각하는 것 중 하나가 바로 교재다. 매년 고민하며 조금씩 바꾸고, 아이들의 눈높이에 맞게 더 좋은 자료를 만들고자 노력한다.

벌써 4년째 반복하고 있지만 교재 연구는 끝이 없는 것 같다. 수업 도서의 핵심 내용을 분석하고 아이들이 이해하기 쉽게 재구성한다. 토론 주제를 개발하고, 글쓰기 활동을 위한 다양한 질문을 만든다.

운영 초창기에는 밤 12시까지 교습소에서 교재를 연구하고 다음 날 새벽 5시에 출근하기도 했다. 완벽한 교재를 만들고 싶다는 욕심에 잠을 줄이고 끼니를 거르며 작업에 몰두했다. 가끔은 이런 완벽주의가 나 자신을 힘들게 하기도 하지만 나에게는 이런 시간이 필요하고 또 소중하다 여긴다.

아이들과 의미 있는 수업을 함께하기 위한 나의 열정이 담긴 시간들이기 때문이다. 덕분에 나도 함께 성장하고 있다. 교재를 연구할 땐 도서 내용을 적절히 분석하고 아이들의 학습 수준과 흥미도 고려해야 한다. 또, 다양한 시사 이슈와 연관 지어 토론 주제를 개발해야 한다. 쉽지 않은 과정이지만 아이들이 새로운 지식과 지혜를 얻고 토론과 글쓰기에 즐거워하는 모습을 보면, 그간의 모든 노력이 보상받는 기분이 든다.

교재 내용 전체를 검토한 뒤에는 띄어쓰기 및 맞춤법, 오탈자까지 최종 확인한다. 그런 다음에야 학생 수에 맞게 교재를 인쇄하고, 누락된 페이지나 중복 인쇄된 곳, 또는 잉크가 번진 부분은 없는지 한 장 한 장 꼼꼼하게 살펴본다. 그런 다음에 모두 이상이 없으면 스테이플러로 교재를 완성한다.

교재 준비를 마치면 아이들이 지난 수업 시간에 쓴 원고지를 첨삭한다. 이 시간은 나에게 즐거움이자 도전이다. 글 속에는 아이들만의 순수한 생각과 느낌, 그리고 기발한 상상력이 가득 담겨 있기 때문이다. 그 글들 속에서 아이들의 마음을 읽고, 아이들이 자기 생각을 더 명확하게 표현할 수 있도록 도와주는 것이 내 역할이다.

원고지 첨삭 방식에는 나만의 규칙이 있다. 아이들이 쓴 글은 이미 그 자체로 완전하고 소중한 창작물이므로 아이들의 글을 최대한 그대로 살리는 것이다. 내 기준을 내세워 너무 많이 고치면 아이들이 자기가 글을 못 쓴다고 생각하거나 글쓰기에 흥미를 잃어버릴 수 있기 때문이다.

아이들은 여리고 상처받기 쉬운 존재들이다. 지나친 첨삭은 아이들의 글쓰기 의욕을 꺾을 수 있다. 그래서 꼭 필요한 수정 사항을 지도해야 할 때에도 잘한 점을 먼저 충분히 이야기해야 한다.

"지난번보다 글씨를 좀 더 반듯하게 잘 썼구나!" "이번엔 마침표를 빼먹지 않고 다 표시했네!" 사소한 칭찬으로 시작한 다음, 고쳐야 하는 부분을 간단히 짚고 넘어간다. 아이들은 자신의 부족한 점을 이미 스스로 잘 알고 있기 때문에 따뜻하게 다독여 주는 것이 먼저다. "이 부분만 이렇게 조금 바꿔주면 훨씬 나을 것 같은데, 우리 은서 생각은 어떠니?" 아이의 의견을 물어가며 주의 깊게 반응을 살핀다.

한 가지를 지도하려면 재빨리 두세 가지의 잘한 점을 찾아야 한다. 긍정적인 피드백을 듬뿍 줘야만 아이들에게 계속 쓸 수 있는 힘이 생긴다. 계속 쓰면 실력이 늘어 글쓰기가 즐거워진다. 또, 글 쓰는 시간이 오래 걸려서 친구들과 자기를 스스로 비교하는 아이에게는 이렇게 말해준다.

"이미 책에 나온 이야기나 다른 친구들이 토론할 때 했던 말을 그대로 쓰지 않고 우리 시우만의 생각과 느낌을 온전히 담으려고 노력하고 있구나! 아이들마다 필요한 시간이 다 다르지. 포기하지 않고 끝까지 자신만의 글을 완성하는 시우가 참 대견하다!" 긍정의 언어는 아이들이 계속해서 자신의 생각과 감정을 펼쳐나갈 연료가 된다.

아이들은 솔직하다. 엄마, 아빠가 체벌한 일이나 부모님의 싸움을 목격한 일, 어른이라면 꺼릴 이야기들을 아이들은 있는 그대로 생생하게 표현한다. 물론, 너무 솔직하게 쓰면 엄마한데 혼난다며 걱정하기도 한다. 그래서 나는 학부모님들에게 아이들이 자유롭게 글을 쓸 수 있도록 글 내용에 대해서 아이들을 다그치기보다는 너그럽게 이해해 주시길 바란다는 메시지를 주기적으로 전달한다.

아이들이 자기 마음을 솔직하게 표현하는 과정이 얼마나 중요한지를 잘 알고 있기 때문이다. 그 정직함을 통해 아이들은 스스로를 존중하는 법을 배우고 상처 난 마음을 치유한다. 첨삭을 하다 보면 시간 가는 줄 모른다. 시계를 볼 때마다 한두 시간은 훌쩍 지나가 있다.

아이들이 쓴 글을 읽다 보면 전혀 예상치 못했던 표현이나 기막힌 재치를 발견하기도 한다. 어떻게 이렇게 쓸 수 있지? 너무나 순수하고 작고 귀여운 존재들이다. 아이들이 새삼 존경스럽고, 그 통찰력에 진심으로 감탄할 때가 한두 번이 아니다.

그러다 슬슬 첨삭을 마칠 즈음이 되면 아이들이 우르르 교습소로 뛰어 들어온다. 아이들의 활기찬 웃음소리가 교습소에 가득 퍼지면, 오늘도 아이들이 글쓰기를 통해 자신을 표현하고 성장하도록 있는 힘껏 도와주자고 마음을 다잡는다.

아이들과 함께하는 수업은 매 순간 특별하다. 그중에서도 초등학교 5학년 아이들과 했던 《내 친구 윈딕시》 수업은 잊을 수 없는 기억으로 남아 있다. 이 책은 외로운 소녀 오팔이 떠돌이 개 윈딕시를 만나면서 상처를 치유하고 성장하는 소설이다. 토론을 마치고 아이들에게 이 소설의 등장인물들처럼 그동안 아무에게도 말하지 못했던, 각자 마음속에 담아두었던 상처나 고민을 글로 표현해 보자고 제안했다.

처음에 아이들은 망설이는 듯 보였다. 아픈 기억을 굳이 꺼내어 글로 쓴다는 게 쉬운 일은 아니기 때문이다. 아이들은 선생님이 읽고 부모님도 읽게 될 것이기에 그럴 수 없다고 항의했다. 나는 아이들에게 이번 시간에 쓴 글은 읽지 않겠다고 약속하고, 원한다면 집에 가져가지 않아도 된다고 허락했다.

부모님들에게 내가 직접 양해를 구하겠다고 한참을 안심시켜 준 후에야 아이들은 비로소 쓰기 시작했다. 다들 진지한 표정으로 원고지를 채워나갔다. 어떤 아이는 울그락불그락 달아오른 얼굴로 한 글자 한 글자 힘주어 써 내려갔고, 어떤 아이는 자기만 아는 슬픔이 생각난 듯 천천히 담담하게 적어나갔다.

교습소는 이내 아이들의 뜨거운 숨소리와 사각사각 연필 소리로 가득 찼다. 아이들이 글을 쓰는 동안 나는 조용히 그 옆을 지키며, 혹시라도 힘들면 더 쓰지 않아도 된다고 격려했다. 묵묵히 글을 쓰고 있는 아이들의 시리도록 맑은 눈동자에 슬픔과 분노, 후회와 옅은 희망 같은 복잡한 감정들이 스쳐 갔다.

이럴 때 글쓰기는 차마 정면으로 마주하기 힘들었던 아픈 감정을 정직하게 바라보고, 그 감정을 개운하게 해소할 수 있는 뜻깊은 기회가 된다. 글쓰기를 마친 아이들에게 나는 각자 쓴 원고지를 혼자만 다시 읽어 볼 것을 권유했다. 그러고 나서 오늘 쓴 원고지는 각자 하고 싶은 대로 자유롭게 처분해도 된다고 허락했다.

글을 쓰며 오랫동안 묵혀왔던 부정적인 감정들을 기꺼이 꺼내어 느껴주고 받아들인 아이들은 한결 가벼워진 표정으로 원고지 가득 낙서를 하거나 과감하게 북북 찢기 시작했다. 어느 순간 종이를 찢는 소리가 교습소에 가득 울려 퍼졌는데, 그 소리는 마치 아이들의 마음 깊은 곳에서 응어리져 있었던 상처들이 곪아 터져 나오는 소리처럼 들렸다.

갈기갈기 찢은 원고지를 쓰레기통에 버린 아이들은 서로 얼굴을 바라보며 환하게 웃고 깔깔댔다. 아이들이 어떤 글을 썼는지는 영영 알 수 없을 테지만 그때 아이들의 표정이 그 어느 때보다 밝고 기쁨으로 가득 차 있었다는 것만은 확실히 느낄 수 있었다. 그 얼굴들에는 자신을 짓누르던 무거운 짐을 훌훌 다 털어놓은 홀가분함과 후련함이 깃들어 있었다.

아이들은 그동안 했던 수업 중에서 가장 재밌었다고 말하며 씩씩하게 교습소를 나섰다. 나는 글쓰기가 아이들의 마음을 치유하는 의미 있는 도구가 될 수 있음을 또 한 번 깨달았다. 앞으로도 계속해서, 아이들이 스스로 마음을 돌보고, 글쓰기를 통해 진정한 자기 자신을 찾아나갈 수 있도록 돕고 싶어졌다. 이 교습소가 아이들이 마음의 짐을 내려놓고, 자유롭게 생각하며, 행복하게 자라는 공간으로 남기를 간절히 바랐다.

교습소를 차리기 전에는 논술 학원에서 아이들을 가르쳤다. 아이들과 함께 책을 읽고, 토론하고, 글을 쓰는 시간은 언제나 즐거웠다. 그렇지만 마음 한편에는 늘 나만의 공간에서 아이들을 만나고 싶은 소망이 있었다. 학원에서는 강사가 임의로 도서를 바꿀 수 없고 글쓰기 개요도 대체로 고정돼 있다.

학원의 정해진 커리큘럼과 운영 방침을 따르기보다는 내가 직접 고른 책으로 수업하고, 나만의 방식으로 글쓰기를 가르치고 싶었다. 안정적인 급여와 나를 보호해 주는 조직을 포기하고 미지의 세계로 뛰어드는 것은 두려웠지만, 자유롭게 만들어 갈 나만의 공간을 상상하며 독립을 결심했다.

가장 먼저 한 일은 적당한 자리를 알아보는 것이었다. 아이들이 안전하게 오갈 수 있고 학부모님들이 안심하고 아이들을 맡길 수 있는 곳을 찾아다녔다. 내가 살고 있는 집 근처 초등학교 후문 앞에서 작은 상가를 발견했다. 1층이라 아이들이 학교를 오갈 때 자연스럽게 눈에 띄고, 주변 환경도 조용하여 아이들이 공부하기에 안성맞춤이라고 생각했다.

다행히 빠르게 계약을 마치고 인테리어를 시작할 수 있었다. 교습소 인테리어는 화려함보다는 아늑하고 편안한 분위기를 연출하고 싶었다. 아이들이 이곳에서 책과 글쓰기를 친구처럼 느끼기를 바랐다. 전체적인 분위기는 작은 도서관처럼 꾸몄다. 벽면에는 아이들의 작품을 전시할 수 있는 공간을 마련했고, 책상과 의자, 칠판과 책장까지 하나하나 직접 고르고 배치하며 내 꿈을 담은 공간을 만들어갔다.

인테리어를 끝내고 아이들을 모집하는 과정은 또 다른 도전이었다. 프랜차이즈 학원이 아닌 개인 교습소이므로 사람들에게 인지도가 전혀 없는 상태였기 때문이다. 나는 오직 실력과 아이들을 향한 진심으로 다가가야 했다. 직접 전단지를 만들어 학교 앞에서 사람들에게 나눠주기도 했다.

처음에는 아이들을 모으는 것이 쉽지 않아 불안감도 엄습했다. 하지만 한 명의 아이라도 와준다면 그것으로 충분하다고 생각했다. 그렇게 마음을 비우고 교재 연구에 집중하다 보니 학부모님들과 아이들이 하나둘씩 찾아오기 시작했다. 운이 좋게도 첫해에 스무 명이 넘는 아이들과 함께할 수 있었다. 오로지 나만 믿고 찾아와준 아이들이었다.

내 열정과 노하우를 아낌없이 쏟아부었다. 아이들 한 명 한 명과 눈을 맞추고 이야기를 경청하며, 아이들이 가진 무한한 잠재력을 끌어내기 위해 부단히 애썼다. 다행히 학부모님들도 이런 나의 노력을 알아봐 주시고 함께 응원해 주셨다.

논술 학원에서 강사로 일할 때는 정해진 커리큘럼과 일정한 시스템 안에서 내 역할에만 집중하면 되었다. 그러나 교습소를 운영하면서 모든 것을 나 혼자서 해내야 했다. 도서 선정부터 교재 연구, 인쇄, 제본, 수업 진행, 첨삭, 상담, 교습소 청소와 비품 관리까지 내 손길이 필요하지 않은 것이 없었다.

물론 내가 원해서 한 결정이지만 처음에는 이 모든 업무를 혼자 감당하는 것이 버겁게 느껴졌다. 밤늦게까지 교재를 만들고 새벽에 또 일찍 일어나 교습소로 향하는 날들이 많았기 때문이다. 직장인이었을 때는 퇴근 후 시간은 온전히 나의 것이었지만, 자영업자가 되니 나의 시간과 교습소의 시간이 하나로 묶이게 되었다.

책임감은 무거웠지만 내 일에 대한 애착과 보람도 커졌다.

내 생각을 업무에 온전히 실현할 수 있다는 것이 직장에 다닐 때와의 가장 큰 차이점이었다. 직장에서는 정해진 틀 안에서 상사의 지시대로 움직여야 하지만, 내가 직접 운영하는 공간에서는 내가 하고 싶고 또 필요하다고 느끼는 부분들을 자유롭게 구성하고 진행할 수 있다.

물론 자기계발은 온전히 스스로 준비해야 할 나의 몫이다. 나는 새로운 배움을 위해 정기적으로 교육 연수에 참여한다. 교육은 끊임없이 변하고 발전하는 분야다. 아이들에게 더 좋은 교육을 실천하기 위해서는 계속 배우고 성장해야 한다.

다양한 연수 프로그램에 참여하면서 새로운 교육 트렌드를 파악하고 다른 선생님들의 노하우를 배우며 시야를 넓혀간다. 특히, 해오름 독서 교육 연수는 나에게 큰 영감과 깨달음을 준다. 연수에서는 다양한 독서 교육 사례를 공유하고, 같은 분야에 종사하고 계신 선생님들과 함께 아이들이 책과 토론, 글쓰기를 통해 스스로 생각하고 성장할 수 있도록 돕는 방법에 대해 이야기를 나눈다.

정기적으로 모여 수업 구성을 함께 연구하고, 교육 현장에서 겪는 다양한 문제들에 대해 토론한다. 각자의 경험을 나누고 새로운 아이디어를 얻는 과정은 나에게 실질적인 도움이 된다. 선생님들끼리 함께 글을 쓰며 서로 글을 첨삭해 주기도 한다.

 이러한 활동을 통해 나는 글쓰기 실력을 키우고, 다른 사람의 관점에서 글을 이해하는 폭을 넓히고 있다. 좋은 분들과의 연대는 운영자로서의 외로움을 덜어주고 함께 성장하는 즐거움을 선사한다. 좋은 선생님들에게서 많은 것을 배우고 느낀다.

 그중에서도 깊은 존경의 마음을 일깨워 주시는 선생님이 계시다. 선생님은 평생 초등학교 교사로 근무하시다 퇴직하셨는데 손녀를 가르치기 위해 독서 교육을 공부하신다. 70대의 나이가 무색하게 쉼 없이 읽고 쓰며 공부하는 모습에 저절로 고개가 숙여신다. 선생님은 늘 밝은 미소와 긍정적인 에너지로 주변 사람들에게 좋은 영향을 주신다.

 나는 선생님을 보면서 배움에 끝이 없음을 깨닫는다. 선생님과의 인연은 나에게 삶의 방향을 제시해 주고, 끊임없이 노력하는 삶의 중요성을 일깨운다. 나도 선생님처럼 나이가 들어서도 배움을 게을리하지 않고 아이들에게 좋은 영향을 줄 수 있는 존재가 되고 싶다.

감사하게도 지금은 인원을 채우지 못할까 걱정하는 일은 없다. 많은 학부모님이 수업을 요청하시고 대기하고 계신다. 가끔은 휴일에 반을 개설해 달라는 항의 아닌 항의도 받곤 한다. 하지만 지금 내가 가진 에너지로는 이것이 최선이다. 나는 이 일을 가늘고 길게, 가능한 오래 하고 싶다. 내가 할 수 있는 만큼, 넘치지 않을 만큼 무리하지 않는 선에서 이어가고 싶다.

나이가 들면서 체력이 예전 같지 않음을 느낀다. 예전에는 밤샘 작업도 거뜬했고 주말에도 쉬지 않고 일했지만, 이제는 조금만 무리해도 피로가 쉽게 찾아온다. 특히, 장시간 앉아서 교재를 만들고 첨삭하는 일은 어깨와 목에 부담을 주곤 한다. 눈도 침침해지고, 집중력도 예전 같지 않음을 느낄 때가 많다. 이러한 변화는 건강 관리의 중요성을 깨닫게 해 주었다.

바쁘다는 핑계로 간단히 때우던 패스트푸드 대신, 신선한 채소와 과일을 곁들인 식단을 챙겨 먹으려 애쓴다. 매일 아침 가벼운 스트레칭과 산책으로 몸을 깨우고, 주말에는 요가나 러닝으로 몸의 균형을 맞추려 노력한다.

또한, 충분한 수면을 취하고 스트레스를 해소하기 위한 나만의 방법들을 찾아 실천하고 있다. 건강한 몸과 마음이 뒷받침

되어야 아이들과 함께 수업을 더 재미있게, 오래오래 할 수 있기 때문이다. 아이들이 꿈을 키우고, 생각을 나누며, 삶의 지혜를 배우는 아름다운 공간으로 이 교습소를 지키고 키워나가고 싶다.

살면서 아이들이 쓴 글을 읽는 것만큼 즐거운 일은 찾지 못했다. 아이들의 글 속에서 그들의 순수한 영혼과 무한한 가능성을 발견하는 일은 여전히 기쁘고 설렌다. 앞으로도 아이들이 자신만의 목소리를 찾아 글로 표현하고, 그 글을 통해 세상을 이해하며, 더 나아가 세상을 변화시키는 힘을 기를 수 있도록 돕는 존재로 살아가고 싶다. 아이들이 쓴 글을 한 줄 한 줄 읽을 때마다 나도 한 뼘씩 자란다. 내게 남은 시간 동안 아이들이 단단한 뿌리를 내릴 수 있도록, 마음껏 가지를 뻗을 수 있도록 초록빛 미소를 잃지 않도록 지켜주는 햇살로 남고 싶다.

안녕하세요,
이야기 팔러 왔습니다

퇴근한PD

퇴근한PD

끊임없이 도전하는 사람.
실험이 좋아 공대에 들어갔지만
방황은 그때부터 시작되었다.
이야기를 전하고 싶어 PD가 되었으나
커머스의 솔직한 매력에 빠졌다.
홈쇼핑 회사에서 근무하며
우리나라에 라이브 커머스를 정착시켰다.
마케터로 전향하여, 현재는 AI 관련 분야에서 일하고 있다.
직업은 바뀌었지만
기초부터 차근차근 파고드는 성격은 한결같다.
매일같이 새벽 4시 30분에 일어나 출근하며,
모노톤의 물건들을 좋아한다.
외부에 휘둘리지 않고
자신만의 기준을 찾아가는 사람들과 함께하고 싶다.

안녕하세요,
이야기 팔러 왔습니다

✸ ✿ ✾ ✸ ✾ ✿ ✸

"그래서 요즘은 무슨 일 하는 거야?"

간간이 안부를 건네는 친구들은 수다가 끝날 즈음 항상 나에게 묻는다. 친구들이 생각하는 나는 별종이다. 근황을 전할 때마다 회사가 바뀌어 있었기 때문이다. 어떨 때는 그들 입장에서는 생뚱맞은 직업으로 바뀌어 있기도 했다. 그들은 항상 새로운 길을 찾는 내가 신기했을 것이다.

출근길에 보이는 들꽃처럼, 공들여 가꾸지 않았는데도 어느새 자라서 꽃을 피운 그런 존재. "그냥 회사원이지 뭐." 물론 내가 하는 대답은 항상 똑같다. 회사에서 밥 벌어먹으면 다 똑같지, 뭐.

심드렁하게 대답했지만 사실 마음은 단순하지 않았다. 한 가지 목표를 향해 달려가는 사람들을 볼 때마다, 그저 '흘러가는 대로 살고 있는 사람'처럼 느껴졌기 때문이다. 여느 사람들처럼 한 업을 오랫동안 한 적도 없고 어떤 회사도 오래 다니지 않았다 보니 직장인이라면 응당 겪는다는 N년 차의 고비도 만난 적이 없다.

그냥 내키는 대로 사는 사람처럼 보이겠지만 성격은 정반대다. 몇 년째 같은 미용실에 다니고 이십 년이 넘은 단골 식당이 있는 사람이다. 그렇기에 더욱, 방황에서 오는 스트레스가 심했다.

업에 대한 고민은 대학교에 진학할 때부터 시작했다. 부모님께서는 먼 미래의 전망까지 계산하여 나에게 어울릴 학과를 추천해 주셨다. 고등학교에서도 이과였고 실험을 좋아했기에 공대에 가라고 권하셨다. 나 역시 실험은 재미있었기에 공대 진학에 이견은 없었다.

그러나 고만고만한 학창 시절의 경험으로 앞으로 계속 걸어

갈 길의 방향성을 정하는 것은 자신이 없었다. 그래서 나는 일단 대학교에 가서 어떤 수업을 좋아하는지, 어떤 일을 하면 재밌을지를 찾아야겠다고 생각했다. 그래서 다른 전공들을 찾아다니며 재밌어 보이는 수업을 모조리 신청했다.

시간표가 맞지 않으면 계절 학기에서 추가 학점을 이용해서라도 들었다. 학점은 크게 두 갈래로 나뉘었다. 숫자로 원리를 계산하는 수업은 언제나 뒤에서 놀았다. 반면 말과 글로 상황을 해석하여 나의 생각이나 의견을 표현하는 수업은 앞에서 맴돌았다.

숫자를 만지기 위해 대학교에 입학했지만 고민만 깊어지며 학년이 올라갔다. 재미있고 좋아하는 수업을 찾아도 그것으로 어떤 일을 해야 할지는 몰랐다. 동기들은 나의 고민을 이해하지 못했다. 그들은 어느 정도 진로를 정하고 입학했고, 그렇지 않더라도 학과가 제시하는 길을 묵묵히 따라가고 있었으니까. 편안한 길을 벗어나 자꾸 도망치려고 하는 나를 이상하게 여겼다.

그러던 어느 날, 나의 고민을 들어주며 술잔을 기울이던 친구가 한마디 툭 던졌다. "고민은 네가 하는 건데, 난 너의 고민을 들을 때마다 되게 편하다? 내 고민까지 치유 받는 느낌이라서 좋아. 너랑 이야기하면 재미있는데 편하고 따뜻해." 그때 나는 처음으로 생각을 바꿨다. '내가 좋아하는 일이나 하고 싶은 일'보다는 '어떤 것을 잘하는지'에 대해 고민하기 시작했다.

단순히 배워 온 과목과 전공의 한계에서 벗어나 나에 대해 생각해 보는 전환의 시발점이었다. 결론은 내가 사람들의 말을 듣고, 대화를 나누는 것을 좋아한다는 사실이었다. '이 강점을 살리려면 어떤 일을 해야 할까?'

나는 사람들의 이야기를 전하는 PD를 준비하게 되었다. 사실 TV를 자주 보는 사람은 아니었다. 기껏해야 뉴스니 홈쇼핑 정도가 전부였다. 그렇기에 어떤 프로그램의 장르가 내게 맞을지 알 수 없었다.

그래도 어렸을 때부터 꾸준함과 착실함에는 자신이 있었다. 약속은 어긴 적이 없었고, 기한이 있는 일은 한 번도 마감을 놓친 적이 없었다. 다행스럽게도 방송은 정해진 시간에 영상을 완성하여 송출하기까지의 엉덩이의 힘도 중요한 분야였다.

비록 이슈를 몰고 다니거나 반짝이는 재미는 없더라도 잔잔하게 사람 냄새를 담을 수 있는 곳, 그렇게 교양과 다큐를 선택했다. 면접장에서 내 고민의 흔적을 보셨던 팀장님은 지금부터가 시작이라는 듯 나에게 넌지시 일러주셨다. "버텨. 버티면 길이 보일 거야."

처음 나에게 주어진 코너는 건강 질환 인식에 관한 인터뷰였다. 사람들로 가득한 광화문 한복판에 던져졌다. 당혹스러웠다. 처음 보는 사람들에게 어떻게 말을 걸지? 카메라와 처음 마주하는 사람들의 표정도 당혹스럽기는 마찬가지였다.

나는 먼저 사람들에게 다가가 건강 검진에 대해 이것저것 물어보았다. 어느 정도 편안해졌다 싶으면 인터뷰를 요청했고, 지금껏 수다를 떨며 물어봤던 내용을 다시 한번 물어보았다. 사람들은 카메라 '큐' 사인에 어색해했지만 이미 질문했던 내용이라 빠르게 안정을 되찾아 촬영에 응해주었다.

일에 익숙해질수록 내가 맡는 분량이 길어졌다. 그럼에도 10분도 안 되는 분량이었지만, 그 영상을 내보내기 위해 전국 방방곡곡을 쏘다니며 다양한 사람들을 만났다. 청계가 달걀을 낳는 장면을 담기 위해 새벽 두 시에 문경으로 출발하기도 했고, 청년 어부가 과메기를 너는 장면을 찍으러 구룡포로 달려가기도 했다.

개편이 다가오기 전, 틈틈이 팀장님과 함께 신규 프로그램의 제안서를 준비했다. 한 콘셉트 안에서 다양한 주제의 이야기를 구성하는 것이 즐거웠다.

그러나 출연자와 시청자의 소통을 위해서 내용을 전달하는 입장은 썩 외로웠다. 주인공에게 직접 사연을 들으며 느낀 나의 감정을 오롯이 전하는 일은 언제나 어려웠다. '내가 주인공이었다면 어떻게 이야기를 했을까?'

고민에 대한 대답은 시청률이라는 이름의 숫자로 추측할 수밖에 없었다. 그 숫자는 나를 조마조마하게 만들기도, 허탈하게 만들기도 했다. 매번 변명할 기회조차 없는 성적표를 받는 기분이었다. 이미 전파를 타버린 영상을 다시 수정할 수는 없기 때문이었다.

시청률이 뚝 떨어진 구간을 살펴볼 때마다 내보이지 못한 다른 영상들이 생각나서 더욱 아쉬웠다. 가끔은 그 숫자를 위해서, 자극적이지 않은 내용의 방송이 전파를 타지 못하는 경우도 있었다.

그래서 나는 생방송 프로그램으로 이동을 고민하기 시작했다. 다양한 대응책이 준비된 상황에서 반응을 보며 조금이라도 대처할 수 있다면? 실시간으로 터지는 이슈에 한마디 말이라도 거들 수 있다면? 적어도 억울하지는 않을 것 같았다.

마지막 회차의 촬영을 마치며 후반 작업을 하던 중, 전 직장 동료를 통해 홈쇼핑 채널의 채용 소식을 알게 되었다. 기존에 제작하던 프로그램과 성격은 많이 달랐지만, 홈쇼핑은 어렸을 때부터 엄마와 보던 채널이라 친근했다. 아침을 먹고 나른할 때면, 쇼호스트의 생기 넘치는 목소리가 거실을 맴돌았다. 친구와 수다를 떨듯 항상 켜놓았던 기억이 떠올라 반가웠다. 게다가 나 역시 지원하려던 채널의 VIP 고객이었다. 결정은 빨랐다.

제작자로 만난 홈쇼핑은 새로운 세상이었다. 내가 관심이 있던 상품이 어떻게 만들어지고, 어떻게 팔리고, 어떤 과정으로 준비하는지를 알아가는 것이 신기했다. 그 현장에 속해서 일할 수 있다는 설렘에 출근 시간이 기다려졌.

그즈음 인터넷에서 유행하던 '덕업일치'라는 단어는 나를 가리키는 말이었다. 새벽 두 시에 방송을 끝내고 새벽 다섯 시에 다음 방송 준비를 위해 출근해도 행복했다. 단지 내가 즐겨보던 프로그램을 직접 제작하는 보람 때문만은 아니었다. 실시간으로 시청자들의 호불호를 표현하는 숫자의 변화가 정말 재밌었다. 그리고 그 반응을 보며 다음을 대응할 수 있다는 점이 매력적이었다.

이전에는 바라보기만 했던 숫자를 이제는 바로 개선할 수 있다는 점이 후련했다. 굳이 아쉬운 점이라면 사람들의 사연이나 정보가 아닌 상품이 주인공이라는 사실 정도였다.

홈쇼핑의 방송은 내가 제작하던 방송과는 결이 매우 달랐다. 기존의 방송이 영상 시작부터 끝까지 기승전결의 흐름을 가지고 흘러가는 영상이었다면, 홈쇼핑은 시작과 끝만 있었다. 상품의 핵심을 소개하는 '기'와 오늘이 마지막일 것처럼, 다음에 다시는 이 상품을 볼 수 없을 것 같은 '결'이다.

모든 방송마다 가장 큰 갈등은 시청자의 마음속에 있다. 구매하지 않으려는 마음과 이 가격으로 다시는 못 살 것 같아 고민하는 마음이 줄다리기를 벌인다. 쇼호스트는 판매량 따위 아랑곳하지 않는 것처럼 수다를 떨다가도 어느새 시청자의 구매욕을 자극하고 있었다. 짜릿했다. 절로 박수가 나왔다.

입사 초기에는 상품을 소개하는 중간 영상을 제작했다. 같은 상품의 방송이라면 영상도 비슷하게 사용하기 때문에 주로 내가 영상을 제작하는 경우는 처음 상품을 론칭할 때였다. 그러다 보니 듣지도 보지도 못한 상품들도 많이 접했다.

어떤 가방 브랜드는 우리가 아직 만세를 외치고 있을 시절에, 바다 건너 지구 반대편에서 대를 이어 만들어지고 있었다. 브랜드마다 갖가지 스토리가 있었다. 브랜드의 가짓수만큼 다양한 지역과 시대에서 열심히 각자의 이야기를 만들고 있었던 것이다. 나는 상품들의 다양한 이야기를 전하고 새로운 고객들을 만나기 위해 모바일로 이동했다.

모바일로 소개하는 홈쇼핑은 더욱 재밌었다. 이전과 달리 바다 건너편 수백 년을 이어온 브랜드를 처음 알리는 경우는 거의 없었다. 오히려 지금 내가 입고 먹고 쓰는 브랜드를 소개하는 경우가 많아서 친근했다.

몇 개월의 할부를 강조해야 했던 제품들보다 가격도 싸서 한번 써보라고 말하기도 쉬웠다. 가장 큰 변화는 더욱 가까워진 시청자의 반응이었다. 텔레비전으로 홈쇼핑을 보고 채팅을 하는 사람보다 핸드폰으로 방송을 보며 수다를 떠는 사람들이 훨씬 많았다.

사람들이 방송에 원하는 피드백도 명확했다. 옷이면 입어서 기장을 직접 보여 달라고 했고, 음식이면 어떻게 먹어달라고 요청했다. 흡사 인터넷 방송처럼 편하게 보여줄 수 있는 방송이었다.

시청자와 소통이 맞아떨어질 때면 방송이 끝난 뒤 숫자로 나타나는 매출의 결과도 명확했다. 나는 점차 상품에 스토리를 담는 것에 확신을 갖기 시작했다. 똑같은 구두를 팔아도, 제품이 만들어지는 과정, 그 구두를 내놓게 된 이유, 이 구두가 어울릴 것 같은 순간 등. 다양한 이야기가 더해지면 방송의 결과가 달랐다.

그러다 코로나가 찾아왔다. 사람들은 집에 숨어 작은 화면으로 세상을 마주했다. 개인 사업자들이 하나둘씩 가게에서 직접 핸드폰을 켜고 자신의 상품을 판매하기 시작했다.

낮이고 밤이고 신규 방송이 쏟아졌다. 장난감 가게 사장은 낮에 무선 자동차를 조종하며 장난감을 팔았고, 만두 가게 사장은 밤에 만두 빚는 방송을 했다. 핸드폰 방송을 통해 상품을 판매하는 우리 회사에는 더없는 기회였다. 그만큼 나는 더욱 거리를 떠돌아야 했다.

사람이 부족하거나 진행이 부진할 때면 나도 카메라 앞으로 거침없이 들어갔다. 사장님들과 함께 지역 축제의 특산물을 소개하기도 했고, 문을 닫은 면세점에서 연예인들과 마감 세일 상품을 팔기도 했다. 소상공인이 모여 있는 지역을 돌며 방송 교육도 했다.

방송을 처음 경험하는 사람들에게 혼자서 진행하는 법을 알려주는 것은 핸드폰 속에서 할 수 없는 일이었다. 핸드폰이 텔레비전을 대체할수록 사람들이 원하는 방송의 기준은 점점 높아졌다. 낮에는 집에서 원격으로 서류 작업을 하거나 브랜드 미팅을 하고, 밤에는 밖으로 다양한 장비를 이고 방송을 운영하러 다녔다.

하지만 그 끝에는 언제나 혼자였다. 모든 걸 쏟아내고 돌아오면 불 꺼진 사무실만이 나를 기다리고 있었다. 좋아하는 이야기가 서러움과 억울함으로 다가온 순간, 나는 다른 시선으로 스스로를 바라보기 시작했다.

그때의 나는 마치 정거장 같았다. 다양한 브랜드들이 급할 때 머물렀다가 볼일이 끝나면 서둘러 원래의 목적지로 떠나버렸다. 브랜드의 홍보 계획에 포함된 한 곳의 채널일 뿐, 다음 기회는 나의 의지로 만들 수 있는 것이 아니었다. 명확한 기준을 가지고 공평하게 움직여야 했기에 선뜻 내가 먼저 특정한 브랜드를 도울 수도 없었다.

회사에 속해 있지만 한 팀은 아니었고, 다양한 이야기를 담았지만 그 끝은 볼 수 없었다. 결국 나는 다시 방황을 시작했다. 빠르게 선택할 수 있는 길은 크게 두 갈래였다. 다시 돌아가서 방송을 만들 것인가, 아니면 한 브랜드의 구성원으로 들어갈 것인가.

PD들이 모여 있는 곳으로 돌아가는 길은 쉬웠다. 그리고 안정석이었다. 코로나는 끝나지 않았고, 손 하나가 아쉬운 시기였다. 그러나 나는 새로운 도전을 선택했다. PD들이 모여 있다고 해도 마찬가지일 것 같았다. 각자의 서러움에 대한 공감만 늘어날 뿐, 원인을 없애지는 못할 것 같았기 때문이다.

나는 브랜드가 중간에 흥하거나 망할지라도, 기쁨과 슬픔 모두 함께하고 싶었다. 그러던 중 한 곳에서 마케터로 일해 달라는 제의를 받게 되었다. 마케팅은 한 번도 생각해 보지 않았던 분야였지만, 그들이 제시한 미래는 내가 바라던 이상과 쏙 맞았다. 영상을 통해 상품의 이야기를 전하는 일이었다. 그렇게 나는 신입 아닌 신입 마케터가 되었다.

마케터로서의 첫걸음은 낯설었다. 당연한 흐름을 왜 굳이 쪼개어 정의하는지, 그 과정에서 영어 단어와 축약어는 왜 그리 많이 쓰는지 이해하기 너무 어려웠다. 협업의 특성상 회의도 잦았는데, 회의 중 팀원들 입에서 영어 단어가 줄줄 섞여 나올 때면, 나 혼자 어딘지 모를 이국땅에 떨어진 느낌이었다. 질문하고 싶어도 왠지 나만 모르는 것 같아 망설여졌다.
모르는 단어들로 이어진 생각의 흐름을 받아 적기에 급급했다. 자리로 돌아와 뜻을 검색해 보면 어이가 없을 정도로 단순해서 허탈하다 못해 화가 날 때도 있었다. 이해하기 힘든 부분은 그것만이 아니었다. 당연한 일에도 일일이 근거를 들어 설명해야 했다.
마케팅의 관점에서 영상은 쓸 수 있는 도구 중 하나에 불과했기 때문이었다. 영상이라는 수단을 선택한 이유부터 하나씩 근거를 대며 설명해야 했다. 그것도 뾰족하게. 그러니 '저는 PD였고 숏폼 만들러 입사했으니, 영상으로 만들겠습니다'라는 말은 그들이 인정하는 근거가 될 수 없었다. 제작하는 시간보다 제작을 위해 설득하는 시간이 더 오래 걸렸다. 답답했다. 오기가 발동했다.

마케팅 용어의 정의부터 다시 공부했다. 그들을 설득하기 위해서는 그들의 언어로 이야기하는 방법이 가장 빨랐기 때문이다. 마케팅의 문법에 익숙해질수록 일은 더욱 재밌어지고 다양해졌다. 영상으로 한정된 콘텐츠에서 벗어나 점차 다양한 형태의 콘텐츠를 제작하고 성과를 측정했다.

효율을 비교하며 광고로 확장시키기도 했고, 고객과의 접점을 구분 짓기도 했다. 마케팅의 분석법과 콘텐츠의 제작 과정에 익숙해지면서 결과는 매우 달라졌다. 영상을 제작했을 때 인사하듯 지나간 피드백들과는 차원이 다른 개선이었다.

대략적인 숫자의 흐름으로 판단해 온 나의 감에 정확한 데이터의 근거가 붙으니 업무의 진행 속도는 매우 빠르고 정확해졌다. 예전에는 '오, 이 부분 좋다. 이런 흐름으로 가면 논리적으로 이야기가 이어지겠다'로 끝났다면, 이제는 '클릭률이 몇 퍼센트였고, 평균 영상 시청률이 몇 초였으니 이 부분에 가장 중요한 강조를 넣자'로 스토리의 시간 배분을 할 수 있게 된 것이다.

클라이맥스가 정해졌으니, 그곳까지 시간에 맞춰 분위기를 끌어 올리고 풀어내는 것은 더더욱 나의 몫이자 장기였다. 데이터를 넘어선 영상으로 결과를 증명할 때면 짜릿함은 배가 되었다.

한 브랜드 안에서 같이 성장하는 재미는 색달랐다. 방송 1회의 매출이 아닌 우리 브랜드와 상품 자체에 대한 책임감이 생겼기 때문이었다. 다른 브랜드와 표현이 상충될 걱정을 하지 않아도 되었다. 눈치 보지 않고 제일 좋다고 자랑하듯 이야기할 수도 있었다.

물론 예전에는 알 수 없던 브랜드의 약점도 마주하게 되었다. 그러나 우선순위에 따라 차근차근 개선하며, 그 과정조차 홍보의 수단으로 사용했다. 브랜드가 궁극적으로 그리려는 이야기와 거기서 뻗어 나온 상품들의 다양한 모습을 연결 지어 표현할 수 있게 되니 상품의 희로애락을 함께하는 기분이었다.

그제야 상품을 자식 다루듯 애지중지하던 사장님들의 마음을 이해할 수 있었다. 좋은 점은 또 있었다. 문제를 함께 해결하는 팀원이 생겼다는 것이다. 혼자에서 팀으로 일하는 방식으로의 변화는 새로웠다.

기존에는 각 분야의 전문가들과 진행하는 협업이었다. 내가 맡은 영역에서는 무조건 내가 결정을 하고 책임을 져야 했다. 그러나 팀으로 일할 때는 결정을 준비하는 과정부터 함께였다. 여럿이 논의하다 보니 새로운 관점들이 솟아났다. 옳고 그름이 있을 수 없는 콘텐츠에서도, 아무도 답을 알 수 없는 테스트에서도 새로운 관점들은 빛이 났다. 간단하고 직관적으로 영상을 구성하는 나와 다르게, 어떤 팀원은 재미있는 도입부로 시청 시간을 유지했고, 다른 팀원은 유행하는 트렌드를 담아 반응을 불렀다. 그렇게 브랜드는 나와 함께 다양한 방향으로 뻗어나갈 수 있었다.

'나는 과연 무슨 일을 하는 사람일까?' 친구들과 헤어져 집으로 돌아오는 길에는 스스로를 돌아보게 된다. 더 이상 PD가 아니라고 하기엔 여전히 영상을 만들고 있고, 스스로 그 이름을 내려놓기가 못내 아쉽다. 그렇다고 마케터라고 콕 집어 이야기하기엔 한 우물만 파온 마케터들에 비해 여전히 부족한 것 같다.

그렇다면 '나는 어떤 일을 했을까?'로 질문을 바꿔보았다. 방송 프로그램을 만드는 PD일 때에는 사람들의 이야기를 담았다. 홈쇼핑에서는 상품의 이야기를 자랑했고, 라이브 커머스를 만들며 상품과 상품을 만든 사장님의 이야기까지 소개할 수 있었다.

그리고 지금은 브랜드가 자라나는 이야기를 만들어 팔고 있다. 지금까지 방식과 대상은 달랐지만 나는 항상 이야기를 팔고 있었던 것이다. 그렇게 생각하니 마음이 편해졌다. PD든 마케터든, 어떻게 불려도 상관없다는 생각이 들었다.

그리고 모든 순간은 나의 강점으로 바뀌었다. PD로 일을 했기 때문에 이야기의 흐름을 더욱 탄탄하게 구성할 수 있었다. 또 다양한 커머스에서 고객들의 니즈와 결정적인 구매의 포인트를 배웠기에 상품을 보았을 때 어떻게 강조하는 것이 가장 효과적인지도 쉽게 제안할 수 있었던 것이다. 남들이 하지 않았던 다양한 경험이 결국 나의 강력한 무기가 된 셈이다.

내가 걸어 온 출근길은 다양했지만, 항상 즐거웠다. 밤샘 촬영에 겨우 집으로 돌아와 지쳐 잠이 들었다가도 회사 갈 시간만 되면 알아서 일어나 다시 출근 준비를 했다. 집이 좋은 만큼 회사도 좋아서, 한동안은 회사 근처에 집을 구했다.

직무가 바뀌면 한 번씩 지칠 법도 한데, 다양한 업무 속에서도 흥미를 잃어본 적은 없었다. 내가 지치지 않았던 이유는 '어딘가에 계속 이야기가 있었기 때문'이라고 믿는다. 그리고 앞으로도 이야기가 있다면 나의 재미는 계속될 것 같다. 다음에 친구들을 만나면 어김없이 내게 물어볼 것이다.

"요즘은 무슨 일 하는 거야?"
"나? 이야기 팔지."

어제의 사명,
내일의 희망

최은혜

최은혜

아동 복지학을 전공하고
장애 통합 교사 및 국공립 어린이집 교사로 일했다.
홀트아동복지회 베이킹 전문 강사이며
그림책을 사랑해
동화 구연, 방과 후 아동 미술 지도사,
그림책 심리 상담 등의 자격증을 땄다.
매일 밤 아이에게 그림책을 읽어주는 시간이
가장 큰 기쁨이다.
《고질라와 헤엄치다》,《오늘도 덕분에 숨을 쉽니다》를
함께 썼다.

인스타그램 @jamongmom_book

어제의 사명,
내일의 희망

✺ ✺ ✺ ✺ ✺ ✺

"나의 사명은 21세기 한국을 이끌어 갈 어린 영혼들에게 꿈과 비전을 갖게 하는 것이다. 이를 위해 2030년까지 기독교 정신으로 교육하는 유치원을 설립하고, 하나님의 원리에 의한 교육으로 소외 계층 어린이를 배려하는 세계인의 주목을 받는 세계적인 유치원을 만들 것이다." 고등학생 때 나는 무려 '선언문'을 썼었다.

2004년도 여름방학 기간에 비전 스쿨에 참여했었다. 각자의 분야에서 성공하신 분들의 강의를 듣거나, 목표 설정이나 도전의식에 관한 책들을 읽고 토론도 했다. 2개월가량 이어진 수업의 최종 미션이 '나의 비전 사명 선언문 쓰기'였다.

나의 미래를 그려보는 나만의 셀프 보고서, 쉽게 이야기하면 내가 이루고자 하는 꿈의 영역(세계)을 직접 써 보는 시간이었다. 지도를 그리듯 스스로 실천할 수 있는 것은 무엇이 있을지, 꿈을 위해 성장시켜야 할 부분들은 어떤 것인지 (영적, 지적, 사회 정서적, 신체적) 훈련을 통해 구체적인 시각으로 비전을 쌓아가는 과정이었다. 어떻게 내가 그곳에서 야심 찬 선언문을 발표하게 되었을까?

유년 시절의 나는 활발했었다. 여장군처럼 온 동네를 누비고 다녔다. 같은 빌라에 살던 언니, 오빠, 동생의 집을 번갈아 놀러 다녔던 것이다. 어른들이 집을 비운 날에 핫케이크를 만들어주겠다며 나섰다가 주방을 난장판으로 만들기도 했으며, 빌라 옆 오르막에서 뛰어 내려오다 차에 부딪쳐 사고도 났었다. 난데없이 호수 공원의 바위 위에 올라가 뛰어 내렸다가 얼굴을 크게 다치기도 했었고, 부모님을 따라 볼링장에 갔을 때 공이 튀어나오는 구멍이 신기하다며 들여다보다가 머리가 찢어져 대학 병원에 가서 머리를 꿰매기도 했었다.

좋게 말하면 호기심이 많았던 아이였다. 가만히 있는 것보다 움직이는 걸 좋아하는 아이였다. 아빠는 과묵한 사람이었고 남동생은 아빠의 축소판처럼 조용했다. 엄마가 대화를 좋아하시는 분이라 친구처럼 지낼 수 있었던 것이 천만다행이었다.

아빠는 주로 들어주는 쪽이었지만 가족에게 언제나 성실한 분이셨다. 가족을 지키기 위해 매일 같은 시간 운동을 하시며 자기 관리에 최선을 다하셨다. 방학이 되면 텐트를 싣고 전국 곳곳으로 캠핑을 데리고 가주셨다.

엄마가 다니는 교회에 따라다니며 피아노도 배웠다. 어느 정도 실력이 오른 후에는 유치부에서 반주 봉사를 했다. 사춘기인데도 아이들과 함께 보내는 시간이 너무나 즐거웠다. 때마침 새로 오신 유치부 전도사님이 계셨는데 그분과 진로에 대한 이야기를 나누다 비전 스쿨에 참여하게 된 거였다.

그렇기에 나의 목표는 너무나 명확했다. 어떤 대학인지는 중요하지 않았다. 과연 어떤 '학과'에 갈 것인지가 핵심이었다. 아이들과 함께할 수 있는 학과는 유아교육과나 보육학과뿐만이 아니었다. 아동복지학과, 아동보육학과, 아동심리학과 등 아동의 발달, 정서, 사회적 환경 등을 주로 다루면서도 보육교사 외의 다양한 길을 열어주는 학과들이 많이 있었다. 숱한 고민 끝에 아동복지학과에 가게 되었다. 보육학과 사회복지학, 두 가지 전공을 모두 이수해야 했으며 보육 기관과 사회 복지 시설에서 실습 시간을 채워야 졸업이 가능했다.

4년 내내 상위권 성적을 유지했다. 보육 자격증 2급과 사회복지 2급 자격증도 땄다. 교수님께서 경쟁력이 생겨 취업에 유리할 뿐만 아니라 몸값도 높일 수 있다고 하시기에 장애영유아 보육취득증도 취득했다. 보육학과 전공 교수님께서 좋게 봐주신 덕분에 대학에서 주최하는 유아 교육, 보육 관련 학회, 국회에서 열리는 학회 등에 참여할 수 있는 기회도 있었다.

뉴스에서나 보던 저명한 국회의원들, 유아교육과 교수님들, 때때로 외국에서도 전문가들을 초빙했다. 영유아 교육의 방향성에 대한 큰 틀은 변함이 없었지만 매회 주제는 조금씩 달랐다. 개최되는 해에 이슈가 된 주제와 접목해 학회가 열리곤 했다. 아동 학대, 교사 호봉에 따른 급여 인상, 보육료 문제 등의 주제로 다양한 시각에서의 연구와 논문, 실천 사례들을 공유했다.

영유아 교육이 나아갈 방향과 개선되어야 할 교육 정책 등을 보고하고 토론하는 시간이었다. 학회에 다녀오면 교수님과 피드백을 주고받으며 내 것으로 만들기 위해 애썼다. 마음을 다하는 모습을 기특하게 보아주셨다. 졸업을 앞두고는 규모도 크고 학부모들 사이에서도 인정받는 어린이집에서 신입 교사를 모집하고 있다며 추천도 해주셨다. 경쟁률이 높다는 말에 큰 기대는 하지 않고 있었는데 다행히 합격했다.

정식 출근 일주일 전부터는 어린이집의 전반적인 생활 리듬을 익힐 수 있는 적응 기간이 주어졌다. 내 생애 가장 긴장된 일주일이었다. 선배 교사의 이야기를 주의 깊게 들으며 수첩에 메모를 했다. 하루 일과의 포인트들을 놓치지 않으려 애썼다. 신발장 이름표 붙이기, 책상 자리 배치하기, 명찰 만들기, 개별 활동 노트 표지 만들기, 생일 알림판 만들기, 약품 보관함 정돈하기, 가방 및 사물함에 이름표 붙이기, 영역별로 교구를 세팅하고 영역 푯말 만들기, 마지막으로 선생님들 자리에 개별 물품을 세팅하고 교실 대청소까지 마쳤다.

규모가 큰 어린이집이었던 만큼 26년 동안 쌓인 규칙들도 많았지만 체계는 잘 잡혀 있었다. 덕분에 큰 혼란 없이 차근차근 배워갈 수 있었다. 하지만 정식 출근은 아니지만 멋대로 퇴근할 수는 없었다. 낯선 환경에 하나부터 열까지 앵무새처럼 선배들을 보며 눈치껏 따라 했다. 암묵적인 룰은 어찌나 많은지. 옷은 깔끔하면서도 활동성이 있어야 했으며 또 단정해야 했다. 지나치게 예쁜 옷이나 짧은 치마는 곤란했다.

어린이집의 일정은 연간, 월간, 주간 계획표까지 타이트하게 짜여 있었다. 그래도 아이들을 맞이할 신학기를 생각하며 설레는 마음으로 따라갔다. 첫 출근을 하던 날, 3월인데도 추운 날씨였다. 머리를 단정히 묶고, 긴 바지에 깔끔한 상의를 골랐다. 어린이집에서 나눠준 앞치마를 걸치고 실내화를 신었다.

처음으로 학부모님을 뵙고 인사를 나눴다. 이름표를 만들며 외운 송날새 만 아이들의 이름을 하나씩 불렀다. 신발장 위치와 반 위치, 자기 자리를 알려주며 아이들을 맞이했다. 손 닦기 지도부터 간식 나눠 주기, 자리 정돈까지 어떻게 지나갔는지도 모르게 하루가 지나갔다.

하원할 때 강당으로 데려가 대기하며 차량 코스에 따라 아이들 이름을 부르고 챙기는 것도 예삿일이 아니었다. 몸은 쉴 새 없이 힘든데 얼굴에서는 웃음꽃이 피었다. 이렇게 어여쁜 아이들이 우리 반이라니 너무나 사랑스러웠다.

발도르프 교육을 기반으로 운영했던 어린이집이었다. 발도르프 어린이집의 가장 큰 장점은 자유 놀이 중심의 교육이었다. 아이의 창의성을 키우기 위해 자유 놀이 시간을 보장하며 아이들이 스스로 선택해서 활동하게 했다. 아이들의 교구는 화려한 빛을 내뿜거나 멋진 소리를 내지 않았다. 투박한 나무토막들과 천, 뜨개질 등 가능한 자연에 가까운 것을 사용했다.

너무 덥거나 춥지 않다면 하루에 한 번은 마당이나 숲에서 놀게 했다. 빠듯한 커리큘럼 대신 느슨한 예술 활동과 자연 활동, 자유 놀이를 추구했다. 미디어에 익숙하고 꽉 찬 스케줄에 익숙했던 아이들은 처음에는 어색해하고 심심해했지만 이내 적응하고 스스로 다양한 놀이들을 만들어 냈다.

아무것도 아닌 나무토막이 신발이 되고, 과일이 되고, 자동차가 되었다. 상상력을 키우고, 자연 속에서 이것저것 관찰하며 호기심을 피우는 시간이었다. 언니, 오빠, 동생들과 어울려 놀며 사회성을 배웠다.

역설적이게도 어느 유치원을 가도 이렇게 아이들을 심심하게 두는 곳이 없다고 했다. 학부모님들의 요청 때문에 점차 특별 활동의 가짓수를 늘리게 된다고 했다. 심심한 아이들이야말로 가장 많은 것을 배우고 펼쳐나갈 수 있다는 사실을 깨달은 시간이었다. 너무나 잘하고 싶었지만 교구나 장난감을 구입해 제시만 해주는 걸로는 모자랐다. 발도르프 전통을 잇고자 했지만 미리 준비해야 하는 것이 너무나 많았다. 체력은 고갈되고 정신은 무너지기 시작했다. 야심 찬 꿈을 품고 일을 시작했지만 현실은 녹록하지 않았다. 결국 1년도 채우지 못하고 일을 그만두게 되었다.

하루가 지나고 이틀이 지났다. 막상 그만두고 나니 조금만 더 버텨볼 걸, 후회가 밀려들었다. 스스로에 대한 실망감도 커셨다. 아이들과 함께하기 위해 달려온 지난 시간이 허망했다 고요한 아침이 막막했다. 엄마는 너무 힘들었으니 쉴 만큼 쉬고 다음 직장을 알아보면 된다며 다독여주셨지만 한시도 편치 않았다.

어느 정도 몸과 마음을 추슬렀다고 생각했다. 교사 모집 공고를 살피다 부천에 있는 국공립 어린이집에서 3개월 동안 근무할 대체 교사를 모집하고 있다는 글을 보게 되었다. 사실 곧바로 정규직으로 시작하는 건 두려웠다. 첫 번째처럼 책임을 다하지 못하고 나올까 봐 걱정이 컸다. 출퇴근 거리는 제법 있었지만 일단 해보자는 마음이었다.

면접을 보았다. 역시 첫 직장에서 중간에 퇴사한 이유를 물으셨다. 솔직히 대답했다. 아직 빈틈이 많은 사람이지만 다시 차곡차곡 쌓아가고 싶다 답했다. 보육학과에 진학했던 그때의 마음과 변함없다고 말씀드렸다. 다음 주부터 바로 출근하라는 연락을 받았다.

4세 반을 맡게 되었다. 다시는 일하지 못할 줄 알았는데 고작 두세 달 만에 다시 현장으로 나가게 될 줄이야. 만감이 교차했다. 선임 교사가 하루 일과와 아이들에 대한 정보들을 친절히 안내해 주셨고 짧지만 경험이 있었기에 큰 어려움은 없었다.

쏜살같이 3개월이 지났다. 신학기를 맞이할 무렵 원장님이 면담을 하자고 하셨다. 3개월 동안 아이들과 지내는 모습을 지켜봤다고 하셨다. 성실한 태도에 반해 계속 함께 일하고 싶다고 하셨다. 내가 제출했던 이력서와 자격증에 장애 통합 교사가 있었음을 염두에 두셨다고 하셨다. 6·7세 반 장애 통합 교사로 정식 채용하고 싶다고 하셨다. 두 번째 기회라고 생각했다. 감사한 마음으로 기꺼이 하겠다고 답했다.

어린이집의 일 년은 분주했다. 교사 전체 회의를 통해 세시풍속 날짜에 따라 행사를 잡았고, 각 반별로 소풍 계획도 짜야 했다. 학부모 참여 수업, 여름 방학, 겨울 방학, 졸업식 등 큼직한 틀을 잡은 후에 각반 교사들이 연간 계획안과 월간 계획안을 세운다.

신학기가 시작되기 전 2월 마지막 주에 학부모님들과 오리엔테이션 시간을 갖는다. 학부모들은 오리엔테이션 자료를 살피며 아이가 지낼 교실과 원내를 둘러보고 담임교사와 이야기도 나누며 일 년 동안 어떤 활동을 하며 하루 일과는 어떻게 진행되는지를 살펴본다. 준비는 쉽지 않지만 첫 날에는 역시 반가움이 앞선다.

어린이집 문 앞에는 벨이 달려 있다. 학부모님께서 벨을 누르면 각 반으로 연결된 교사가 현관문으로 나와 아이들을 맞이한다. 아이의 이름을 묻고 신발장 위치를 알려주고 함께 교실로 들어선다. 첫 일주일은 적응 기간으로 학부모님도 동반 참석이 가능하다. 이삼 일은 한두 시간 함께 있다가 아이의 적응도에 따라 점진적으로 어린이집에 있는 시간을 늘려나간다.

어린이집의 일 년은 세시풍속을 따라 바삐 흘러간다. 삼짇

날에는 동산에 올라 진달래를 구경하고 돌아와서 화전을 만들어 먹었다. 단오에는 창포물에 머리를 감는 체험을 했다. 한가위가 다가오면 한복을 입고 등원해서 강강술래도 하고 송편도 만들었다. 중양절에는 국화차를 끓여 다도를 경험해 보았다. 동지에는 복주머니를 만들고 직접 빚은 새알심을 넣어 팥죽을 끓여 먹었다. 설날에는 한복을 입고 와서 원장님께 세배를 하고 덕담을 들었다. 정월대보름에는 삼색 나물을 곁들여 점심을 먹었다.

학기마다 부모님을 모시고 근처 산으로 가서 자연을 체험했다. 여름에는 어린이집 텃밭에 풀장을 설치해 물놀이를 했다. 계절마다 연상되는 색깔로 반을 꾸미고 아이템을 준비했다. 계절마다 수업이 달라졌다. 지면으로 하는 활동도 있었지만 일주일에 한두 번은 숲으로 갔다. 계절마다 피는 꽃이 무엇인지 어떤 색깔인지 아이들이 먼저 눈으로 냄새로 경험하며 느낄 수 있게 해주었다. 여름에는 매미 소리를 들으며 초록 기운을 느꼈고 가을에는 파란 하늘과 울긋불긋 낙엽을 관찰했다. 겨울이 되면 눈을 밟으며 발자국 소리에 귀를 기울였다.

어린이집에서의 하루도 분주하긴 마찬가지였다. 국공립 어린이집은 아침 7시 30분부터 저녁 7시 30분까지 운영한다. 아침 당직이란 게 있는데 그날은 적어도 아침 7시 15분까지 출근해야 한다. 전날 미리 입을 옷과 가방을 챙겨두어도 한 시간 전에는 일어나 준비해야 했다. 출근하자마자 각 교실의 창문을 열어 환기를 시키고 CCTV를 켠다.

사무실 컴퓨터를 켜고 화장실 환기를 시키고 있으면 아이들이 하나둘씩 오기 시작한다. 벨이 울리면 나가 학부모님께 인사를 드리고 담임선생님께 전달 사항은 없는지, 전날 특이 사항은 없었는지, 아이의 컨디션은 어떤지 여쭤본다.

내가 다닌 어린이집은 차량 운행을 하지 않았다. 규칙적으로 오는 친구들도 있었지만 발달 센터에 다녀오는 친구, 병원에 다녀온다는 친구, 늦잠을 잔 친구. 저마다의 사정에 따라 등원 시간도 천차만별이었다.

아이들을 맞이하다 보면 어느새 오전 간식 시간이다. 오전 자유 선택 활동 시간이 끝나면 대그룹 활동이 진행된다. 각 요일마다 정해진 이야기 나누기, 미술 활동, 숲 체험 활동, 지역사회 활동 등이 진행된다.

점심때가 되면 배식 차가 교실 앞으로 왔다. 아이들은 각자

가방에서 도시락을 꺼내 선생님이 호명한 조부터 차례대로 나와 배식을 받아 간다. 어떤 반찬이 나오느냐에 따라 한두 명 정리가 늦어지는 경우가 있었고 편식하는 부분에 있어서도 적절한 지도가 필요했다. 식사를 마쳤다고 끝난 게 아니었다. 도시락 정리부터 식후 양치 지도까지. 자립을 가르치지만 아직 어린아이들이다.

교사의 도움을 필요로 하는 아이들이 넘쳐났다. 교실과 화장실, 식당을 오가며 뒷정리에 교실에서 놀이하는 아이들까지 살펴야 한다. '신속하고 안전하게.' 말은 쉽지만 실제로는 아무나 할 수 없는 일이다.

오후 일과는 요일마다 달랐다. 국악, 유아 영어, 블록, 체육 활동을 했다. 20~30분 정도 수업이 진행된다. 수업 후 낮잠 시간이 있었지만 낮잠 시간 전에 투약을 해야 하는 아이를 체크하고 잠투정을 부리는 아이를 달래야 했다.

아이들이 모두 잠든다고 끝이 아니었다. 일지를 작성하고 관찰 일지를 썼다. 다음 날 수업 준비를 하고 알림장을 만들었다. 틈틈이 시간 활용을 하지 않으면 이끌어갈 수 없는 일이었다. 오후 간식을 먹고 나면 자유 선택 활동 시간이다. 태권도나 학원에 가는 아이들을 먼저 보내고 학부모님의 일정에 따라 호명되는 친구들을 준비시킨다. 저녁 당직이 있는 날에는 오후 7시 30분까지 아이들이 모두 하원한 후, 어린이집의 모든 뒷정리를 마치고서야 퇴근할 수 있다.

힘들었던 순간이 왜 없었을까? 좋은 학부모님이 대부분이었지만 별별 사람이 다 있었다. 학부모의 요청으로 CCTV를 돌려보느라 밤늦게까지 모든 선생님이 퇴근을 못 한 적도 있었고, 미세먼지가 나쁜 날이면 전화를 걸어 창문을 잘 닫았는지 일일이 확인하는 학부모도 있었다. 듣고 보고 겪은 일들을 나열하자면 며칠 밤을 새도 모자라리라. 그래도 기쁨과 보람이 더 컸기에 버틸 수 있었다.

아이들이 이게 선생님이라며 색색으로 채운 그림을 그려올 때, 지점토로 알 수 없는 형태를 만들어 종알종알 열심히 설명할 때, 색종이 하나도 그냥 버릴 수 없어서 파일에 모았고 그럴 수 없는 것들은 사진으로 찍어 남겼다. 이미 졸업을 했는데도 스승의 날이라고 일부러 찾아와 준 아이들의 미소는 세상의 어떤 선물보다 귀했다.

"학교 수업 마치고 집 가기 전에, 오늘 스승의 날이잖아요. 그래서 선생님 계시나 하고요." 아이들의 솔직함과 순수함이 어찌나 사랑스러운지. 졸업했는데도 계속 사진을 보내주시는 장애 아이의 어머니도 계셨다. 선생님 덕분에 이만큼이나 컸고 이제는 언어 전달도 제법 한다고 감사하다고 말해주실 때는 역시 교사가 되길 잘했다는 생각이 들었다.

아무리 힘들어도 아이들의 웃음소리를 들으면 힘이 났다. "선생님~" 하며 달려와 안길 때에는 마음이 녹아내렸다. '나'라는 존재가 당당한 사회의 구성원이라는 보람, 아이들의 울타리가 될 수 있다는 기쁨, 어릴 적 사명으로 여겼던 일을 현실로 이끌어냈다는 자부심. 아이들과 함께한 매 순간이 꿈결 같았다.

결혼하면서 일을 그만두게 되었다. 아이들의 선생님으로 사는 것보다 내 아이 하나를 낳고 키우는 일이 훨씬 어려운 일이었다. 어느 맘카페에서 우연히 보게 된 글이 있었다. 세상에서 가장 힘든 직업이라는 제목의 글이었다. 〈근무 조건 : 주 7회 근무, 24시간 연중무휴, 쉬는 시간 없음, 연차 없음, 급여 없음, 식비 본인 부담〉 직업의 이름은 '엄마'였다.

열 달 동안 아이를 뱃속에 품었고, 열다섯 달 동안 모유 수유하느라 밤낮을 잊었다. 그래도 어린이집에서는 퇴근이 있었고 야근을 하면 수당이 있었다. 엄마가 되니 하루하루가 전쟁이었다. 늘어진 옷을 꿰어 입고 살기 위해 밥을 밀어 넣었다. 책에서는 임신은 축복이라고 했는데, 드라마에서의 육아는 낭만적으로 보였었는데, 모두가 환상이었다. 돌파구를 찾아 카페에 들어가 봤지만 여기저기 앓는 소리뿐이었다. 그래도 '나만 힘든 게 아니었구나' 싶으니 오히려 위로가 되었다. 경험담과 조언을 찾아보고 육아 서적을 읽었다. 온갖 시행착오를 겪으며 아이를 키웠다.

아이가 크면 좀 괜찮아질 거라 믿었지만, 오히려 더 큰 산이 기다리고 있었다. 아이가 세 살이 되던 해에 남편과 헤어지게 되었다. 여자 혼자 일하며 아이를 키운다는 게 어떤 일인지 겪어보지 않은 사람은 모른다. 아무리 지친 날에도 아이를 사랑으로 보듬으려 애썼다. 그림책을 읽어주고 건강한 음식을 먹였다.

시간을 쪼개 제과, 제빵 자격증을 땄다. 홀트아동복지회 전문 강사가 되어 원데이 클래스도 진행했다. 오늘을 살아가기에도 버거웠지만 언제나 내일을 꿈꿨다. 과연 내가 좋은 엄마인지는 모르겠다. 내가 아이를 키우는 방식이 옳은지도 확신할 수 없다. 다만 내가 아는 것은 마음을 다해 왔다는 사실뿐이다. 내 아이를 지키기 위해 출근했다는 사실뿐이다.

몸도 마음도 약해져 자주 흔들린다. '사명'을 말하기에는 나이를 먹어버렸다. 하지만 아직 희망을 잃지는 않았다. 나의 희망은 내 아이에게 그저 사랑을 주는 것이다. 앞으로 어떤 일을 하건 그것은 아이를 위한 출근이 될 것이다.

아이에게 좋은 음식을 먹이고 단단한 태도를 길러주고 싶다. 세상의 아름다움을 보여주고 다정한 목소리를 들려주고 싶다. 오늘 밤, 잠든 아이의 모습을 지켜보며 작은 희망 하나를 품어본다. 언젠가 빵 굽는 냄새와 온기로 가득 채운 작은 책방을 여는 꿈을.

인사
DREAMLICH

박혜지

박혜지

12년 차 IT 기업 인사 담당자.
매일의 삶을 기록으로 남기는 것을 좋아한다.
서른셋, 생일 전날 급성 백혈병 진단을 받았다.
원치 않았던 멈춤의 시간이었지만
비로소 삶을 돌아볼 수 있었다.
보람과 자괴감이 교차한 시간이 있었지만
매 순간이 기적이고 선물이었음을 깨달았다.
내게 출근은 단순히 일터로 향하는 길이 아니다.
살아 있음의 증거이며 계속 꾸고 싶은 꿈이다.

인사
DREAMLICH

    2013년 8월, 대학을 졸업했다. 오전엔 보험 회사에서 비서 아르바이트를 하고 오후에는 취업 준비를 했다. 그해 상반기부터 한국가스공사, 한국남부발전, 국민건강보험공단, 한국산업기술시험원에 지원했지만 서류 전형에서 번번이 탈락했다. 그나마 한국산업단지공단은 필기시험을 치를 수 있었지만 결과는 불합격이었다.

    이러면 안 되겠다 싶어 아르바이트도 그만두고 모든 시간과 에너지를 취업 준비에 쏟았다. 공기업의 벽은 높았고 마음은 급했다. 여름부터는 사기업의 문을 두드렸다. 하지만 선택할 수 있는 직무의 폭은 넓지 않았다. 숫자를 다루는 일이 성향에 맞지 않았기에 재무, 회계, 영업, 무역 관련 직무는 일찌감치 제외했다. 남은 선택지는 인사, 총무, 마케팅, 홍보, 대학 행정직 정도였다.

세 식구 중 엄마가 유일한 근로 소득자였다. 그나마 박사 논문 준비 막바지라 학습지 교사 일을 병행하며 근근이 생계를 책임지고 있었다. 인사 직무에 가장 마음이 갔지만, 모든 문을 두드렸다. 그만큼 절박했다. 안산 반월공단의 총무직, 천안에 있는 대학교 행정직 등 직무와 지역을 가리지 않고 지원했다. 하루라도 빨리 취업하고 싶어 100곳이 넘는 기업에 원서를 냈다. 스펙이 부족하다고 생각해 MOS Master 자격증을 취득한 것도 그 무렵이었다.

그러던 중 여의도의 한 IT 회사에서 "내일 면접에 올 수 있느냐."는 전화를 받았다. 면접 기회조차 드물었던 터라 그 한 통의 전화가 한 줄기 빛처럼 느껴졌다. 교회 캠프 때문에 파주에 와 있었지만, 새벽 5시에 곧장 여의도로 향했다. 서두르느라 그렇지 않아도 몰골이 초라했는데 여의도역에서 쇼핑백에 담아온 구두까지 두고 내렸다. 결국, 운동화를 신고 면접장으로 들어섰다.

면접 카드를 작성해 제출하고 대기하고 있으려니 면접관이 들어왔다. 알고 보니 사장님이셨다. 더욱 긴장된 마음으로 마주 앉았다. 그나마 테이블에 가려 운동화가 보이지 않아 다행이었다. 몇 가지 질문을 하셨고 나는 솔직히 대답했다. 1월 26일 일요일, 최종 합격 전화를 받았다.

1월 27일 첫 출근을 했다. 주요 업무는 채용과 교육 운영이었다. 모집 직무와 인원을 사장님으로부터 전달받으면 채용 공고를 작성해 플랫폼에 게재했다. 사장님께서 면접 대상자를 선정하면, 전화를 걸어 면접을 안내하고, 면접을 운영하며 합격 여부를 메일이나 전화로 통보했다. 합격자의 입사 일정이 확정되면 신규 입사자 교육을 기획했다. 보통 1주일 과정으로, 회사 소개, 주요 제품 모듈별 기능과 특징, 팀별 업무와 구성원 소개, 사내 규정과 그룹웨어 사용법 등이 포함됐다.

직원들을 사내 강사로 세워 실무 경험과 노하우를 공유하도록 요청하기도 했다. 또한 우리 회사의 경쟁력을 높일 수 있는 차별화 방안을 PT로 발표하는 활동도 안내했다. 신규 입사자 간 팀워크를 다질 수 있는 활동도 기획했다. 난타, 조정, 농구,

탭댄스, 합동 그림 그리기 등 주로 협력과 친목을 도모할 수 있는 프로그램들이었다.

교육을 마친 후에는 설문지를 나눠주었다. 어떤 부분이 좋았는지, 아쉬웠는지, 건의 사항은 무엇인지 등등. 설문 결과를 바탕으로 교육 결과 보고서를 썼다. 사장님께서 특정 교육 대상자를 선정하여 특강을 진행하라고 하면, 그에 맞는 강사님을 찾고 계획을 보고 드렸다. 승인을 받으면 해당 교육 대상자에게 공지하고, 강사님에게는 강의 요청 사항을 의뢰했다.

강사님께서 우리 회사에 오셔서 교육을 진행한 후에도 설문을 받았다. 반응이 좋으면 다른 직급으로 확대해서 교육을 시행하기도 했다. 전인자의 업무 기록과 인수인계는 있었지만 그것만으로는 부족했다. 새로운 과제가 주어질 때마다 맨땅에 헤딩하는 기분이었다. 사수의 존재가 절실했다.

이대로는 안 되겠다 싶었다. 2년 차부터는 인사 담당자 스터디 모임에 나가기 시작했다. 주니어 인사 담당자의 성장을 목표로 인사 팀장님들이 주관한 모임으로, 교육을 듣고 인사 관련 과제를 수행하며 배움을 이어갔다. 다양한 기업의 인사 사례를 접하면서 각 회사가 어떻게 승진 제도를 운영하고, 평가 제도를 설계하는지 이해할 수 있었다.

무엇보다 큰 자산은 사람이었다. 고민이 생길 때마다 물어볼 수 있는 선배님들이 곁에 있다는 사실만으로도 큰 힘이 되었다. 10여 년간 10개가 넘는 스터디 모임과 커뮤니티를 통해 동료와 선배, 그리고 멘토를 만났다.

HR 인공위성이라는 인사 담당자 스터디 모임의 운영진이셨던 이규황 팀장님은 인터넷 카페에 인사 분야 자료를 꾸준히 공유해 주셨는데, 다양한 자료들은 업무를 할 때마다 훌륭한 지침서이자 참고서가 되어주었다. 가상의 회사를 세워 직급 체계와 승진 제도를 설계하는 과제를 경험한 것도 팀장님 덕분이었다.

팀장님을 통해 홍석환 대표님께서 인사 담당자 멘티를 모집한다는 사실도 알게 되었다. 30년이 넘는 경력을 가진 전문가에게 인사 분야에 대해 배우고 직접 질문할 수 있는 귀한 기회였다. 홍 대표님은 언제나 든든한 멘토이자 선배로, 경험과 조언을 아낌없이 나눠주셨다. HRD 교육 담당자 모임을 열어주신 J 팀장님과 인사 기획 토론 모임을 주관하시던 L 팀장님도 소중한 인연이었다.

저녁조차 거르고 자정이 되어서야 집으로 돌아왔지만 그들에게 얻은 배움이 이루 말할 수 없을 만큼 귀중했다. 회사 밖에서 다양한 사람들과 교류하며 넓어진 시야와 대화 속에서 떠오른 아이디어는 보너스였다. 사람은 결코 홀로 설 수 없으며 함께 나아가는 것임을 그때 배웠다.

직원의 교육을 기획하고 운영하는 것도 맡은 업무 중 하나였다. 하지만 처음에는 주도적으로 제안하기보다는 사장님의 지시에 따라 교육을 준비하는 수준에 그쳤다. 팀장 대상 리더십 교육을 하라는 지시가 내려오며, 이터넷에서 적합한 강사님을 찾고 프로필과 커리큘럼, 제안서를 검토해 계획서를 작성하는 정도였다.

그러던 중 HRD 담당자 스터디를 통해 '현장의 목소리'가 교육 기획에서 무엇보다 중요하다는 사실을 깨달았다. 실제로 많은 기업이 교육 니즈를 파악하기 위해 설문이나 인터뷰를 활용한다는 사실도 알게 되었다. 교육 설계에서 가장 중요한 것은 교육 대상이 되는 직원들의 목소리였다.

신규 입사자 교육 중 하나인 제품 교육을 점검하기 위해, 교육을 받은 직원을 직접 찾아가 이야기를 들었다. 어떤 내용이 이해하기 어려웠는지, 전문 용어 때문에 막히지는 않았는지 물었다. 더 나아가, 제품 교육을 담당하는 직원과 함께, 개발자나 IT 엔지니어가 아닌 신규 입사자에게 어떻게 하면 더 잘 전달할 수 있을지 고민했다. 어려운 용어는 최대한 배제하고, 누구나 쉽게 이해할 수 있는 설명을 부탁했다. 더불어 우리 제품의 주요 기능과 강점을 명확히 알 수 있게 해 달라고 강조했다. 현장의 목소리를 담아내는 것이 얼마나 중요한지 느꼈다. 살아 있는 교육에 대해 고민하기 시작한 것이 그 무렵이었다.

인사 담당자 커뮤니티를 통해 강사 추천을 받기도 했고, 각 분야에서 이름 있는 강사들이 누구인지도 자연스럽게 알게 되었지만 교육이 정말 도움이 되는지 알려면 직접 경험하는 것이 가장 확실한 방법이었다. 그때부터 여러 강사의 특강에 참여하고, 온라인 교육도 꾸준히 수강하며 좋은 교육을 가려냈다.

이창준 대표님의 리더십 공개 강의를 듣고 큰 감명을 받았는데 얼마 지나지 않아 회사에서 입사 2~3년 차 직원들의 동기 부여를 위한 특강을 기획하라는 지시가 내려왔다. 주저 없이 이

창준 대표님께 연락을 드려 '삶의 리더로 성장하기-동기의 원천'이라는 특강을 진행하게 되었다.

물론 모든 교육을 그렇게 진행할 수는 없었지만, 이후로는 교육의 필요를 정확히 파악하고 목표를 세운 뒤, 직접 들어보거나 믿을 만한 추천을 통해 강사님을 섭외하려고 노력했다. 그 결과 교육 만족도는 눈에 띄게 높아졌다.

책상에만 앉아 고민하기보다 사람을 만나고, 이야기를 나누고, 책을 읽고, 강의를 들으며 적극적으로 탐색한 과정이 더 나은 교육을 만드는 힘이 되었다. 내가 느꼈던 감정과 깨달음을 수강생들의 피드백에서 확인할 때, 학습 목표가 달성되었을 때, 교육을 진행한 목적을 달성하였을 때의 기쁨과 보람은 이루 말할 수 없을 정도였다.

서울로 이사하기 전까지 8년 남짓, 안산에서 여의도까지 왕복 3시간이 넘는 거리를 통근했다. 새벽 6시에는 일어나서 준비해야 광역 버스를 탈 수 있었다. 운 좋게 자리에 앉으면 부족한 잠을 보충했고, 서서 가는 날에는 팟캐스트로 재테크 강의를 들으며 버텼다. 퇴근길에는 회차지라 자리에 앉아 눈을 감고 차창에 기대어 쉬었다.

　잦은 야근과 휴일 근무로 늘 피곤에 찌들어 있었다. 그러나 더 힘들었던 것은 그 많은 시간과 노력이 가치 있다고 느껴지지 않는 일에 쓰인다는 사실이었다. 채용 시즌이 되면 수십 명의 면접자 서류를 준비해야 했다. 여러 명의 면접관이 볼 이력서, 자기소개서, 포트폴리오까지 출력하는 데만 몇 시간이 걸렸다.

　밤늦게까지 남거나 주말에 출근하는 일도 다반사였다. 직원 선물을 포장하고, 상장을 만들기 위해 출근해야 할 때도 있었다. 특히 우수 사원 포상 선물은 매번 아이템을 바꿔야 했다. 여러 번 수상하는 직원들이 있었기에, 이미 받은 선물을 제외하고 새로운 선물을 고르는 데에만 많은 시간이 걸렸다.

　어렵게 품의를 올려도 반려되는 경우가 잦아, 검색과 검토에 몇 시간을 쏟아붓기 일쑤였다. 스마트워치와 카드 지갑을 포장지에 싸고, 정규직 전환자 사령장과 우수 사원 상장을 인쇄해 케이스에 꽂는 것도 내 일이었다.

　근속 기념품도 매년 아이템을 바꿔야 했다. 변경될 때마다 직원 사진을 넣어 맞춤 제작을 해야 하기에 손이 많이 갔다. 포상 제품도 매년 달라졌다. 호랑이해라고 금 호랑이를 구해 상패 제작 시안을 만들고 있자니 대체 지금 뭐 하고 있는 건가 싶었다. 누구나 할 수 있는 단순한 업무에 시간을 쏟느라 가치 있는 일에 몰두할 기회를 잃는 것이 속상했다. 새로운 채용 인적성 검사를 검토한다거나, 면접 카드 질문 항목을 개선하고 싶었다. 직원 선물을 포장하는 대신 포상 제도를 설계하고, 우수 사원 선발 기준을 개선하는 일에 집중하고 싶었다.

사원에서 대리, 대리에서 과장으로 승진하며 인사 제도 운영보다 기획 업무에 대한 요구가 많아졌다. 기존 평가 제도를 개선하거나, 직무 기술서를 만들어 전 직무의 필요 역량과 주요 성과를 관리하는 일 같은 것 말이다. 하지만 현실은 늘 시간이 부족했다. 그래서 중요한 일도 쳐내듯이 처리할 때가 많았고, 그만큼 마음을 다하지 못했다.

형식적으로 한 티가 났는지 사장님께 혼난 적도 많았다. 충분한 고민과 성찰이 담기지 않았다는 사실을 스스로도 알고 있었다. 자책감과 자괴감으로 힘든 날들이 이어졌다. 그러던 중 투병으로 회사를 1년 정도 쉬게 되면서 내 업무를 대신할 후배가 새로 충원되었다. 그때의 나와 닮은 사람이었다. 열정이 넘치는 친구였다. 비로소 단순하고 반복적인 일에 쏟던 에너지를 가치 있는 곳에 투자할 수 있게 되었다.

지금은 전사 인사 평가 기준을 새롭게 수립하는 일에 몰두하고 있다. 각 직급별로 기대하는 역할 모델을 정의하고, 직원들의 성과와 역량을 평가하는 기준을 마련해서 회사의 성과를 높이려는 일이다. 쉬운 일은 아니다. 막막할 때도 많다. 하지만 가치 있는 일에 시간을 쓸 수 있다는 보람이 나를 이끌고 간다.

가장 설레는 일은 뭐니 뭐니 해도 채용이다. 우리 회사는 IT 솔루션을 만드는 기업이기에 많은 소프트웨어 개발자를 필요로 했다. 인재를 발굴하기 위해 직접 IT 교육 기관의 문을 두드렸다. 교육 기관의 목표가 수강생의 취업이라면 우리 회사의 목표는 인재 채용이었기에 서로의 필요가 맞아떨어졌다.

수십 개의 IT 교육 기관에 연락해 기업 설명회를 먼저 제안하고, 회사 소개서를 만들어 회사의 강점을 적극적으로 알렸다. 우리 회사의 가장 큰 매력은 열정 있는 인재에게 아낌없이 기회를 준다는 점이었다. 승진 연한이 충족되지 않아도 실력이 있다면 특별 승진이 가능했고, 역량이 뛰어난 직원은 나이와 상관없이 중요한 프로젝트의 관리자나 팀장 직책을 맡을 수 있었다.

이러한 점을 강조하며 회사를 소개한 결과, 뛰어난 인재들을 채용할 수 있었다. 일반적인 채용만으로는 충원하기 어려운 직무가 있을 때는 사람인, 잡코리아 등 채용 플랫폼을 통해 직접 자격 요건에 맞는 인재를 찾아냈다. 긴급하게 충원해야 하는 자리가 있을 때, 먼저 입사 지원을 제안해 적합한 인재를 모셔 왔을 때의 성취감은 이루 말할 수 없었다.

물론 인사 담당자의 보람은 큰 성과에서만 오는 것은 아니었다. 때로는 아주 작은 순간에서 더 깊은 기쁨을 느끼기도 했다. 인사 담당자인지, 아니면 선물 구매 담당자인지 혼란스러운 시기가 있었다. 정규직 전환자 선물, 대학교 졸업 선물, 우수 사원 선물까지 직원들에게 건네는 아이템을 고르고 포장하는 데 적지 않은 시간을 쏟아야 했다.

그렇지만 선물을 받은 직원이 기뻐하는 모습을 보면 힘이 났다. 감사하다는 한마디에 오후 내내 마음이 환하게 빛났다. 면접장인 12층과 사무실이 있는 14층을 종일 오르내리다가도 친절하게 대해 주어서 고맙다는 말을 들으면 하루의 피로가 말끔히 씻기는 기분이었다. 작은 감사가 가장 깊은 보람이 되는 순간이었다.

10여 년간 써온 일기는 숱한 고민의 흔적으로 가득하다. '월급 받는 만큼 가치 있는 일을 하고 있는가?', '현재 직급에서 기대하는 역할을 충분히 하고 있는가?', '입사 2~3년 차가 되었는데도 발전 속도가 더디다면, 제자리걸음이 아니라 오히려 퇴행하는 것은 아닐까?', '1인 인사 담당자로 일하다 보니 비교할 대상이 없어, 우물 안 개구리처럼 안주하고 있는 것은 아닐까?', '인사에는 여러 영역이 있지만, 가장 큰 역할은 직원이 성과를 낼 수 있도록 돕는 것인데, 그 일을 담당하는 인사 담당자가 저성과자라면?'

매년 사업 계획서에 '조직의 성장과 성과를 이끄는 인사'라는 비전을 쓸 때마다 이게 맞는 건가 싶었다. 스스로에게 질문을 던지면서 끊임없이 괴로워했고, 다른 회사의 인사 담당자와 비교하며 자책하곤 했다.

특히 콘퍼런스에서 평가 제도나 교육 제도를 자신 있게 소개하는 이들이 부러움의 대상이었다. 나는 똑똑하지도, 신속하지도, 꼼꼼하지도 않았다. 사소한 것들을 자주 놓쳤다. 졸업하는 직원에게 선물을 증정하는 행사에서 대상자를 빠뜨리기도 했고, 정기적으로 진행하는 진급 프로세스 일정을 관리하지 않아 보고 시기를 놓치기도 했다.

연차일 수를 제대로 관리하지 못해 연차 수당이 잘못 나간 적도 있었고, 시간을 착각해 면접자를 부랴부랴 달려오게 한 적도 있었다. 크고 작은 실수가 셀 수 없을 만큼 많았다. 정말 많이 혼나고 깨졌다. 자괴감에 잠을 이루지 못한 날도 있었다. 실수는 어김없이 자책으로 이어졌고 자존감은 낮아져만 갔다.

세월이 흐른 후에야 깨달았다. 그러한 시간들이 있었기에 성장할 수 있었다. 실수를 통해서만 배울 수 있는 것들이 있었다. 그 과정에서, 인사 담당자마다 서로 다른 성격과 방식으로 자신의 역할을 해낸다는 사실을 깨달았다. 부족한 부분만 바라보는 대신 내가 가진 강점을 돌아보기 시작했다.

속도는 느리지만, 꾸준히 성장해 왔다. 인사 담당자 모임에 참여하고, 관련 교육을 듣고, 서적을 읽으며 인사이트를 키워왔다. 역경과 고난을 끝까지 견뎌내는 힘도 있었다. 인사에 '인人' 자도 모른 채 입사해 사수 없이 수많은 시행착오를 겪었지만 포기하지 않고 12년을 버텨냈다.

맡은 일에 진정성을 담으려 애써왔다. 물론 언제나 그러했던 것은 아니다. 때로는 일을 쳐내듯 형식적으로 처리한 순간도 있었다. 그러나 그 경험이 오히려 '일에 마음을 담아야 한다'는 다짐으로 이어졌다. 직무 기술서를 완성하기 위해 밤을 꼬박 새운 적도 있었고, 성과 목표를 올바르게 조정하기 위해 새벽까지 고민한 적도 있었다.

작은 순간들이 모여 결국 맡은 일에 진심을 담는 태도를 만들어냈다. 인사 직무 기준에서 '일잘러란 과연 어떤 사람일까?' 오랜 고민 끝에 나름의 정의를 내렸다. 회사의 특성을 꿰뚫고 그에 필요한 업무를 수행하는 사람이다. 몸담은 업계의 시장과 생태계, 핵심 성공 요인을 이해하는 사람. 그러면서도 자신만의 소신과 철학을 지닌 사람이다. CEO의 경영 방침과 인사 방향성을 존중하되, 그것을 달성하기 위한 자신만의 해법을 제안할 수 있는 사람이다.

그렇다면 나는 어떠한가? 스스로를 '일잘러'로 부를 수 있을까? 이것만은 확실히 대답할 수 있다. 스스로 정의한 기준에 조금이라도 가까워지기 위해 오늘도 한 걸음씩 나아가고 있다. 느리지만 멈추지 않고, 성실함과 진정성을 바탕으로 묵묵히 걸어가고 있다. 그것이 결국 나다운 인사 담당자의 길이라 믿는다.

일은 내 삶의 활력소다. 2022년 혈액암 발병과 2024년 재발로 회사에 나가지 못했던 2년 가까운 시간 동안 이를 처절하게 깨달았다. 인수인계조차 하지 못한 채 갑작스럽게 병원에 입원했을 때, 병상에 달린 접이식 식사 테이블을 펼쳐 노트북을 올려놓고 일을 했다.

인수인계 문서를 작성하고, 내가 없는 동안 업무를 대신 맡은 직원들의 질문에 답했다. 대체 불가한 업무는 직접 수행했다. 몸은 힘들었지만 '일'이 있었기에 살아 있음을 느꼈다. 고통에만 파묻히지 않고, 오히려 일에 집중하며 순간의 아픔을 잊을 수 있었다.

한때는 일을 완전히 내려놓고 휴직하기도 했다. 온종일 OTT와 유튜브만 보며 시간을 흘려보내던 어느 날, 문득 떠오른 생각은 '일을 하고 싶다'였다. 그때 처음으로 깨달았다. 돈을 받지 않아도 기꺼이 할 수 있는 일이 있다는 것을, 나에게 일이란 단순한 생계 수단이 아니라 성취와 보람을 통해 내 존재를 확인하는 방법이었다.

몸이 조금 회복되자 휴직 중임에도 인사 평가 솔루션 설명회에 참석했다. 복직 후에는 그 솔루션을 회사에 도입했고, 휴직 동안 들었던 교육 가운데 꼭 필요하다고 여겼던 강사를 직접 섭외해 사내 교육을 진행하기도 했다. 쉬는 동안에도 하고 싶은 일에 대한 열정이 나를 그렇게 이끌었다. 내가 이 일을 정말로 좋아한다는 것을 다시금 느낀 순간이었다.

9년간 혼자 업무를 감당하다 재작년 2월부터 후배와 함께 일하고 있다. 부족한 선배이지만, 아는 것을 아낌없이 나누고 길을 안내하는 사수가 되기 위해 노력하고 있다. 고군분투하던 시절을 누구보다 잘 알기에 후배에게는 작은 것 하나라도 더 알려주고 싶은 마음이 크다. 특히 2023년 하반기 인재 육성 기업 인증을 준비했던 경험이 기억에 남는다. 후배가 인증 신청 계획을 세우고, 우리는 여러 자료를 함께 만들어갔다.

그중 가장 까다로운 작업은 회사 역량 정의서를 작성하는 일이었다. 공통 역량, 직급·직무별 역량을 구체적으로 정의해야 했기 때문이었다. 나는 2019년에 만든 팀장 역량 정의서와 직무 기술서를 보여주고, 그동안 모아온 자료를 건네주었다. 후배가 자료를 참고해 만든 초안을 바탕으로, 회사 실정이나 직급에 맞지 않은 항목들을 함께 검토하며 수정했다.

그렇게 완성한 결과, 그해 인재 육성 기업 인증을 받을 수 있었다. 제출 자료를 후배와 공유할 때 함께 성과를 만들어냈다는 뿌듯함이 밀려왔다. 예전 같으면 혼자 붙들고 끙끙댔을 것이다. 이제는 함께 해결할 수 있다. 함께이기에 더 깊이 고민할 수 있고 더 나은 결과물을 만들어낼 수 있다. 후배가 성장하는 만큼 나 역시 배우며 성장한다는 사실을 실감했다.

오늘도 나는 회사로 출근한다. 내게 회사는 단순한 일터가 아니다. 병 때문에 출근조차 할 수 없던 시절을 겪었기에 다시 출근할 수 있다는 사실은 내게 살아 있음의 증거이다. 그리고 이제는 혼자가 아니라 곁에 함께하는 동료가 있다는 사실이 내게 더 큰 힘이 된다. 내게 인사는 단순한 행정이 아니다. 내게 인사는 꿈이고 삶이다. 오늘 출근할 수 있다는 사실이 내게는 기적이다. 나는 출근길 위에서 또다시 살아 있음을 느낀다.

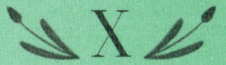

지구의 3분의 2는 바다니까요

정하연

정하연

일과 육아는 균형을 이룰 수 없다는 걸 깨닫고
닥치는 대로 눈앞의 것만 해내고 있는 사람.
행복을 파는 일을 한다 여기며 한 걸음씩 내딛는 사람.
바람처럼 나아가다 흔적도 없이 사라지고 싶은 사람.

출간한 책으로《서른이면 제법 근사할 줄 알았어》,
《이제부터 내 인생 살겠습니다》가 있다.

지구의 3분의 2는
바다니까요

❋ ❀ ❀ ❀ ❀ ❀ ❋

서울대에 가고 싶었다. 이왕이면 피아노과에 가고 싶다고 생각했었다. 아무것도 모르던 일곱 살이었다. 처음 쳤던 피아노곡은 '나비야'였다. '무엇이 무엇이 똑같을까'를 거쳐 '고향의 봄' 정도는 능숙하게 칠 줄 알았을 때였고, '엘리제를 위하여' 도입부를 멋들어지게 연주하면 박수 세례를 받았던, 온 세상이 내 위주로 돌아가던 시절이었다.

모차르트와 베토벤, 브람스와 쇼팽이 피아노 교실 이름이 아니라 작곡가 이름이란 건 초등학교에 입학한 후에야 알았다. "나중에 커서 뭐가 되고 싶어?" 요즘 애들에게 꿈을 물으면 명사로 대답하지 않는다. 딱히 무엇이 되고 싶어 하지도 않는다.

우리 때는 장래 희망 칸 옆 네모 박스를 명사로 채웠다. 대통령이나 선생님 같은 단어들 사이에서 피아니스트라는 다섯 글자는 그다지 유별나지 않았다. 엄마의 꿈이 옮아와 멋모르고 S대를 가고 싶다고 말하긴 했지만, 서울대 피아노과라고 쓴 적이 없는 건 참말로 다행이었다.

한참 만화를 보던 때에는 성우가 되고 싶었다. 비로소 현실을 자각한 중학생 때에는 도서관 사서나 문구점 사장이 되고 싶었다. 그다음엔 잠깐 수의사가 되고 싶다는 생각도 했었지만 그러려면 이과를 가야 한다는 말에 무역 쪽으로 관심이 옮겨갔다. 학과별 설명과 연결 직업군이 정리된 책을 보면 심리학도 재밌어 보였고, 애널리스트도 뭔가 있어 보였다.

하지만 정작 대학교는 컴퓨터공학과로 갔다. 교차 지원이 되는 걸 진작 알았다면 공부를 좀 더 열심히 해서 수의학과에 갔을 텐데. 성적에 맞춰서 간 것도 아니고, 생각에도 없던 학교에 가려니 전공에 큰 뜻은커녕 학사 학위 하나 따겠다고 4년을 바친 꼴이 되었다. 원래 전공을 살리는 경우는 거의 없다는 선배의 말에, 전공을 살려봤자 '월화수목금금금'이라는 어디선가 주위들은 탓에, 비는 시간엔 아르바이트를 하거나 게임을 했다. 과외도 하고 방과 후 교사 일도 하다 보니 혹시 나에게 가르침의 소명이 있는 게 아닐까? 하는 생각도 했다. 얼마나 많은 꿈들이 스쳐 지나갔을까. 크기와 관계없이, 벌이와 관계없이, 지속 가능성과 관계없이. 그저 재미있어 보이고, 하고 싶고, 되고 싶다는 마음으로 꿈꾸던 시간이었다.

피아니스트를 꿈꾸던 아이는 흔하디흔한, 뻔하디뻔한, 몇 번째 우주 먼지일지 모를 평범한 직장인이 되었다. 첫 취업은 플랜트 제조업체였다. 몇 마디 면접으로 덜컥 학생에서 직장인으로 신분이 바뀌었다. 생산관리 부서로 배정받았다. 3개월 정도 되니 일에 어느 정도 익숙해졌다. 반년 즈음 되니 일이 재미없었다. '이건 내가 원하던 게 아닌데….'

이렇다 할 준비 없이 덜컥 취업한 대가였다. 1년만 버티고 이직하겠노라 생각했지만 6개월을 더 버텼다. 이직은 했지만 여전히 불만만 넘쳐나는, 틈만 나면 그만둔다는 소리를 늘어놓는 그저 그런 9 to 6 직장인이 되었다. 행정 사무가 주된 직무였다. 5년이라는 세월을 보내니 일은 이골이 났다. 호봉제인 직장이었기 때문에 잘하든 못하든 아주 조금씩이라도 급여가 올랐다.

야근 수당을 주는 회사였기 때문에 작고 귀여운 월급에 조금의 귀여움이라도 보태기 위해 시시때때로 야근했다. 점심시간엔 뉴스를 보며 가십거리를 이야기하고 네일아트를 하며 수다를 떨기도 했다. 갑자기 헬스장에 등록해 열심히 운동하기도 했지만, 다시금 술을 마시고 게임을 하는 일상으로 돌아왔다.

이따금 예술혼이 찌릿하고 온몸을 훑고 가곤 했지만 어설픈 노래 실력을 알기에 홍대로 떠나진 않았다. 약대 편입에 관한 이야기를 어디선가 주워듣곤 필요한 학과 수업을 잠시 챙겨 듣기도 했다. 토익 점수가 좀 더 좋았다면 진작에 퇴사라는 실수를 했을 텐데 그 또한 모자라 천만다행이었다. 그렇다 할 재주가 없으니 버티는 게 재주였다.

이야기엔 항상 시련이 있어야 하는 법이다. 어느 날 갑자기 눈앞이 흐려졌다. 몸을 가눌 수도 없었다. 난생처음 겪는 통증이었다. 머리가 깨질 듯이 아프다는 표현은 이럴 때 쓰는 거였던가. 정말 도끼로 머리를 내리찍는 것만 같았다. '이럴 땐 어느 병원에 가야 하지?' '응급실이라는 곳에 가면 돈이 많이 드는 건 아닐까?' 휴대전화를 붙잡고 별 소득 없는 키워드만 눌러댔다.

놀랍게도 편의점에서 산 타이레놀 한 알에 거짓말처럼 허무하게 나았다. 누가 보면 꾀병이라도 부린 줄 알았으리라. 당장 병원을 찾았다. 뇌 검사를 받았다. 결과는 깨끗했다. 아무 이상이 없었지만, 또 아플까 봐 두려웠다.

출근하면 슬슬 몸이 아프고 숨이 막혔다. 이상하다. 정말 어디 큰 병에 걸린 게 아닐까? 6시가 가까워져 오고 회사와 멀어질수록 괜찮아졌다. 나는 걸리고 만 것이었다. '퇴사병'이라는 불치병에. 너무 머리가 아파서, 회사만 가면 아파서, 숨쉬기가 힘들어서, 이대로 죽기는 싫어서, 버티기를 멈췄다.

첫 번째 퇴사는 계획적이었지만 이번엔 살기 위한 충동이었다. 알아본 다음 직장도, 계획도 없었다. 겨우 생각해 낸 게 항공권 예매였다.

그를 처음 만난 건 20살 겨울 방학, 호주에서였다. 우리나라 좋은 나라, IT 강국에 태어난 덕분에 호주에서 한 달 정도 체류하며 어학연수를 받을 기회가 있었다. 그 시절 지방대학 혁신 역량 강화 사업의 일환이었다. 학교와 집을 오가는 게 주된 일과였지만 마지막 주엔 근처 모턴 아일랜드라는 곳으로 여행을 떠났다.

20대들이 모여 봤자 하는 일은 술 마시며 놀기, 시시덕거리기, 헝스리 잭스 앞에서 만나 시내 구경하기, 스테이크를 순두부찌개 가격으로 사 먹기 정도였다. 그동안 문화생활이라고 해봤자 팝콘 먹으며 본 영화 몇 편이 전부였는데 머나먼 이국 바다에 얼굴을 넣을 날이 올 줄이야. 웻수트를 처음 입어보면서도 해녀복 같다며 서로 마주 보고 낄낄거리기에 바빴다. 오리발을 신고 어기적어기적, 난생처음 착용해 본 스노클 장비였다.

짠물이 싫어, 햇볕이 싫어 해수욕도 안 하던 내게 선물처럼 다가온 바다였다. 물속은 더없이 아름답고 평화로웠다. 가이드가 나눠준 식빵은 물고기 밥으로 순식간에 사라졌다. 단지 그뿐이었다. 꿈결 같던 시간은 신기루처럼 흩어졌다.

계절이 몇 번이고 흘렀다. 학업과 아르바이트를 병행하느라 동해조차 갈 겨를이 없었다. 벌이가 생기면서 꾸준한 수입이 생기고서야 '어딜 갈까?' 고민하는 사치를 부릴 수 있었다. 같이 운동하던 친구의 여름휴가에 덜컥 합류했다. 이번엔 필리핀 바다였다.

그와의 재회는 운명적이었다. 7년 만에 만난 그는 여전히 아름다웠다. 얕은 바다에서 몇 차례 교육을 받고 배에 올랐다. 1m, 2m, 3m…, 얼마나 깊이 들어갔는지, 얼마나 시간이 흘렀는지 알 수 없었다. 정신을 차리고 보면 한 탱크가 끝나 있었다. 아주 잠깐 있었던 것 같은데 30~40분이 훌쩍 지나 있었다.

고요한 바닷속에서 들려오는 공기 거품 소리와 눈앞에 펼쳐진 풍경은 아무리 보아도 질리지 않았다. 아름다운 산호와 만화에서만 봤던 니모(크라운 피쉬), 유유히 헤엄치는 거북이, 잔잔한 수면에 쏟아지던 햇살. 점점 집에 돌아갈 시간이 다가오는 게 아쉬웠다. 한국에 돌아오자마자 다음 휴가 계획을 고민했다. 지구의 3분의 2는 바다가 아니던가.

세상에 못 가 본 곳이 너무 많았다. 세상에 가보고 싶은 예쁜 바다가 너무 많았다. 그렇게 바다와 사랑에 빠졌다. 스쿠버 다이빙의 매력에 빠져버렸다. 다음번엔 어느 바다로 갈지 생각만으로도 설렜다. 돈이 많이 드는 취미, 결혼이 물 건너가면 안 되니 남자 친구도 스쿠버 다이빙에 입문시켰다. 다행이었다. 그도 좋아했다.

여름이면 바다로, 겨울이면 스키장으로 일 년에 한두 번 베짱이가 되기 위해 바른 생활 일개미가 되었다. 20대 때는 노는

게 그렇게나 싫었다. 쉬면 큰일이라도 나는 줄 알았다. 무궁화 삼천리 화려강산까지는 아니어도 모범적인 삶, 요즘 말로 '갓생'할 계획이었다. 나에게 처음으로 휴식을 선물하고서야 지쳐 있었다는 걸 깨달았다. 불현듯 찾아온 두통이 트리거가 되어 퇴직금 절반을 바다에 쏟아부었다. 원 없이 스쿠버 다이빙을 했다. 3주 남짓의 필리핀 살이와 일주일간의 홍콩 여행은 너무나 달콤해 삼키기조차 아까운 한여름 밤의 꿈이었다.

하지만 꿈에서 깨어 마주한 것은 끝이 보이지 않는 블랙홀이었다. 따개비처럼 게으름이 온몸에 다닥다닥 붙어 있었다. 내일에 대한 계획 따위, 시간이야 얼마든지 있으니 언제 해도 상관없다는 생각이 들었다. 공허함만 가득 차올랐다. 다이어트, 영어 공부와 일본어 자격증, 그딴 건 아무래도 좋았다. 족쇄라도 채운 듯 가라앉았다. 아무것도 하지 않아도, 주야장천 드라마만 봐도, 사람인을 뒤적거려도, 책상에 다리를 고쳐 앉아도, 덧없이 시간은 흘렀다.

아무것도 하지 않아도 흘러갔다. 하루가 가고 한 달이 지났다. 세월은 흘러만 갔다. 모아둔 돈이 떨어졌지만, 예전으로 돌아가고 싶진 않았다. 아무리 생각해도 할 줄 아는 게 없었다.

이왕 이렇게 된 거 좋아하는 걸 직업으로 삼아보자 싶었다. 눈 떠보니 스쿠버 다이빙 회사에서 장비를 팔며 스쿠버 다이빙을 가르치는 강사가 되어 있었다.

옛말에 쓸모없는 시간은 하나도 없다더니 그간 쌓아온 행정 노하우가 있어 사무실 일은 어렵지 않았다. 더울 땐 시원하고 추울 땐 따뜻한 사무실에서 컴퓨터만 만지는 생활을 해온 터라 사무실 밖 세상을 마주할 때면 눈 밝은 강아지처럼 신이 났다. 바다가 이렇게도 넓으니 온 세상이 일터였다. 모든 것이 어색했지만 할 수 있는 것부터 찾았다. 뒤죽박죽인 장비와 회원 명부를 정리하다 보니 며칠이 흘러 있었다.

선배 강사님 파일을 보며 다이빙 교육, 투어 계획, SNS 관리 등을 하나씩 배워나갔다. 하나부터 열까지 손이 안 가는 곳이 없었다. 장비 수입도 병행하는 사무실이었기 때문에 물건이 들어오는 날은 하루 종일 무거운 장비를 짊어지고 계단을 오르락내리락했다.

투어나 교육은 주로 주말에 일정이 잡히기 때문에 쉴 수가 없었다. 그래도 다양한 사람을 만나는 재미가 있었다. 직장 생활을 하며 꾸준히 취미로 하는 또래도 있었고, 안 가본 바다가 없을 정도로 연륜이 오래된 분도 계셨다. 회사라는 우물 안에서 너른 바다로 나온 기분이었다. 매일 똑같지만 하루하루가 다른, 도파민 파티 같은 날들이었다. 물론 사무실 생활로 다져진 거북목과 생존 근육뿐인 몸뚱이 덕분에 금방 체력이 떨어졌다. 힘이 약해서 남들이 한 번 움직일 때 두 번 움직여야 했다.

여름은 더웠고 겨울은 추웠다. 좋아하는 일 10%를 위해 힘든 일 90%를 해내야 했다. 꽃길만 꿈꾸던 철부지에게 뒤늦게 사춘기가 찾아온 듯했다. 자신의 분야에 매진하는 모든 이들이 존경스럽게 느껴졌다. 종종 벌이가 좋지 않아 고민의 늪에 빠질 때면, 집 앞 편의점에 이력서라도 내고 싶은 지경이었다. 난생처음 나라는 사람에 대해 진지하게 고민하기 시작했다. 좋아하는 것과 잘하는 것이 만나는 어느 점을 찾아서.

인도네시아 코모도섬으로 보조 인솔을 가게 되었다. 스쿠버다이빙은 여러 가지 형태로 진행되는데 그중에 리브어보드 LIVE ABOARD라고, 먹고 풍덩! 자고 풍덩! 다시 먹고 풍덩! 배 위에서 숙박하며, 육지 인근 해역뿐만 아니라 멀리 있는 바다에서도 다이빙을 할 수 있는 방법이 있다.

코모도는 리브어보드 다이빙으로 유명한 지역 중 하나다. 개인적으로 현지 선사와 컨택해서 조인 투어를 할 수도 있지만 배 전체를 빌리는 풀 차터로 진행되는 투어였다. 강사님이란 호칭이 너무나 어색했다. 다이빙 실력도 겨우 초보티를 벗은 수준이란 생각에 팀원들을 잘 먹이고 잘 배워야지 하는 마음뿐이었다.

그동안 내가 경험해 본 바다는 필리핀, 일본, 국내 동해 정도였기 때문에 '난이도'라는 개념 자체가 크게 와닿지 않았다. 비트겐슈타인은 내 언어의 한계는 내 세계의 한계라고 했다. 바다가 내게 그랬다. 하루에 네 번이나 다이빙할 수 있다니 그저 행복할 따름이었다. 사흘째 되던 날의 첫 번째 다이빙이었다. 운전도 초보 딱지를 막 뗐을 때가 가장 위험하다고 했던가. 조류에 휩쓸려 일행과 떨어지고 말았다. 엎친 데 덮친 격으로 쓰고 있던 마스크가 물살에 휩쓸려 벗겨질 것만 같았다. 아찔했다. 'SMB (Surface Marker Buoy의 약자, 수중에서 쏘아 올려 수면에서 내 위치를 파악할 수 있게 해주는 장비)를 쏴야겠다.'

하지만 강한 조류에 릴이 그대로 풀려 나뒹굴었다. 마스크는 금방이라도 벗겨질 것 같았고 주머니 밖으로 억지로 욱여넣은 줄이 나풀거렸다. '이대로 마스크가 벗겨져서 시야가 차단되면 난 얼마나 버틸 수 있을까?' '탱크에 공기는 얼마나 남았지?' '어디로 가야지 일행들을 만날 수 있을까?' '어느 방향으로 가야 이 거센 조류에서 벗어날 수 있을까?' 두려움에 호흡이 가빠져 왔다. '이렇게 죽는구나. 이렇게 죽을 수도 있구나.' 주마등이 스치는 순간 가이드가 나를 발견했다.

'살았다.'

그날 죽을 뻔했던 건 아무도 모른다. 하지만 주마등이 실제로 존재한다는 것은 알게 되었다. 대자연 앞에서 인간은 한없이 나약하다는 사실을 뼈저리게 느꼈다. 하지만 그러한 위기가 있기에 즐거움은 더욱 배가 된다는 것도 깨달았다. 왜 고생고생을 해서 히말라야에 오르는지 조금은 알 것 같았다. 다른 사람이 보기엔 나도 마찬가지일 테니까.

주말에는 장비 정비와의 싸움, 전시회 준비, 다음 투어 준비, 또 영업이 베이스니 모객에 대한 고민도 깊었지만 덕분에 숱한 경험을 할 수 있었다. 처음 다이빙 강사를 시작할 때 남편에게 딱 일 년만 더 시간을 달라고 했었다. 약속은 지켜야 했다. 결혼한 지도 어느새 5년, 자녀 계획도 세워야 했다. 더 이상 미련이 생기기 전에 강사라는 직함을 내려놓았다.

아이는 마음만 먹으면 바로 생기는 줄 알았다. 두어 달이 지나니 좀이 쑤셨다. 아르바이트라도 해야겠다는 심산으로 집 근처 여행사에 취업했다. 모든 경력을 다 내려놓고 신입부터 시작했다. 사고도 치고 야근도 하고, 그동안 직장 생활에서 느꼈던 지루함은 없었다. 일이 재미있어서일까? 내가 변한 것일까? 드디어 적성을 찾은 것 같았다. 그렇게 일도 손에 익고 승진도 하며 자리를 잡을 즈음 코로나19가 닥쳤다.

이 주만 버텨보자던 약속이 점점 길어졌다. 석 달이 지났다. 또 반년이 흘렀다. 다들 마스크로 얼굴을 가렸지만 지하철은 여전히 붐볐다. 나는 갈 곳이 없었다. 어린 딸아이를 잘 키우라는 신의 계시 같기도 했다. 시간이 넘쳐나니 게을렀던 지난날이 떠올랐다. 똑같은 실수를 반복할 순 없었다.

다른 직군의 영업도 해보았다. 운동을 하며 다이어트도 해냈다. 책을 읽다 보니 글도 쓰게 됐다. 웅녀도 쑥과 마늘을 먹는 인내 끝에 사람이 되었지. 괜찮은 사람, 괜찮은 엄마가 되기 위한 시간이라고 생각하기로 했다. 마침내 다들 코로나19를 감기 정도로 대수롭지 않게 여기게 되었다.

기나긴 방황을 마치고 온 탕자처럼 새로운 둥지를 찾아 헤맸다. 경력직이 귀해져서 재취업은 어렵지 않았다. 직장인이던 시절엔 유튜브를 한다는 둥, 퇴사를 꿈꾸며 뭐라도 될 줄 알았지만 돌고 돌아 웰컴 백! 직장인이 되었다. 일하랴, 육아하랴, 매일이 전쟁 같지만 벌이가 시원치 않던 몇 년 전에 비하면 천국이었다.

신입 때처럼 열정이 넘치지도 않고 무작정 앞만 보고 갈 수도 없다. 모든 선택에서 아이를 고려해야 한다. 양가 도움 없이 맞벌이로 아이를 키우면서 여러 시행착오도 겪었다. 좋은 엄마, 멋진 직장 선배, 어느 것에도 속하지 못한 채 연명 중이었다. 그냥 그대로가 어쩔 수 없는 나임을 인정하면 내일이 내가 해결해 주겠지. '하루하루 쳐낸다'라는 표현이 어울리는 날들이었다.

그러던 어느 날, 업무차 방문했던 세미나에서 칸쿤 3일 숙박권에 당첨됐다. 이슬라 무헤레스(여인의 섬) 근처에 위치한 수중 박물관 MUSA, 버킷리스트 중 하나였다. 배보다 배꼽이 큰 격이지만 이 기회를 놓칠 순 없었다. 무더운 여름만큼 무거운 업무 때문에 매일이 힘들었다. 자책이 대부분인 나날을 최선을 다해 외면하며 여름휴가를 손꼽아 기다렸다.

바쁨이 축복이었다. 시간이 정말 빨리 흘렀다. 마침내 디데이! 긴 비행 끝에 칸쿤에 도착했지만 아이와 함께하는 여행이었기에 곧바로 바다에 뛰어들 순 없었다. 사흘을 알차게 보내고 예약해둔 센터로 향했다. 뜨거운 햇빛, 조깅하는 사람들, 얼마 만에 혼자인 시간인가. 발걸음이 가벼웠다.

귀여운 물고기 동상이 세워진 센터에 도착했다. 안내 데스크에서 환경세를 지불하고 반대편 문을 통해 나오니 날 태우고 갈 배가 기다리고 있었다. 반팔 슈트는 혼자서도 입기 어렵지 않았다. 배에 오르자 심장이 뛰기 시작했다. 에메랄드빛 바다가 예뻐서였을까, 이곳에 있다는 사실이 믿기지 않아서였을까.

멍하니 생각에 잠긴 사이 배가 출발했다. 한없이 펼쳐진 바다에 반짝이는 윤슬과 새하얀 포말을 한 장면이라도 놓칠세라 하염없이 바라봤다. 배가 멈췄다. 아름다운 섬과 사방을 둘러 펼쳐진 에메랄드빛 바다를 보며 홀린 듯 장비를 착용했다.

어린아이처럼 발이 절로 동동 굴러졌다. 바다로 뛰어들었다. 다이빙하기 딱 좋은 온도였다. 하강해서 좀 유영을 했을까? 사진에서 본 그대로의 풍경이 펼쳐졌다. 산호들 상태가 좋아

자연 그대로 보존되어 있었다. 말로 설명할 수 없을 정도로 벅 찼다. 둥글게 있던 동상에 제법 퍼진 부채산호, 집 모양 구조물로 보조 호흡기 퍼지 버튼(호흡기에 달린 버튼으로 이물질이나 물을 제거하기 위해 쓰이는 버튼. 버튼을 연속해서 꾹 누르고 있으면 공기가 계속 배출된다)을 누르니 바닷속에서 연기가 모락모락 피어나는 것 같았다. 자동차 모양 구조물 안에 플래시를 비추니 물고기로 가득했다. 눈으로 들어온 모든 장면이 머릿속에 녹화가 되었으면, 계속 재생되었으면, 이곳에서 시간이 멈추지 않았으면.

낭만 다이빙은 막을 내리고 어느덧 배에서 내릴 시간이 되었다. 어쩐지 연신 사진을 찍어 주시더라니 나가는 길에 사진을 살 수 있단다. 사진과 영상 정말 너무나 갖고 싶었지만, 다이빙 두 탱크 요금보다 비쌌다.

다 사거나 세 장만 선택에서 사거나. "영상 하나만 살 순 없어?" "응." 윽, 아쉬워라. 그간의 데이터가 있기에 사봤자 어차피 안 볼 거란 걸 안다. 꾹 참고 아디오스. 이별을 고했다. 또 오지 뭐. 멕시코까지 와서 세노떼 다이빙(세노떼: 멕시코 유카탄 반도에서만 볼 수 있는 석회암 지대가 무너져 생긴 천연 우물)을 안 해본 다이버는 나밖에 없으리. 또 올 명목이 생겼다.

아이가 생기고 스쿠버 다이빙은 영영 안녕일 줄 알았다. 대답은 놉!*nope*. 인생은 그렇게 쉽게 끝을 내어주지 않았다. 강사 일을 그만두면서 다시 교육할 일이 없을 것으로 생각했지만 그 또한 모르는 일이다. 지난날 바다는 도피였을지도 모르겠다. 나이를 먹고 아이를 가진 엄마가 되고 보니 바다가 안식처였고 선생님이었음을 알겠다.

아무것도 아닌 존재임을 인정하도록 겸손을 가르치는, 한결같지만 한 번도 같았던 적 없었던 하루에 감사하는 마음을 알려주는, 그리고 힘들 때마다 언제나 휴식이란 선물을 건네며 안아주는 나의 바다. 살다가도 모르겠다. 살아봐도 모르겠다. 인생이란 모르는 것이다. 하지만 지구의 3분의 2는 바다니까. 어디로 가도 삶이 되지 않을까. 그러니 나는 다시, 거리낌 없이 나의 바다로 뛰어들 것이다.

무지개를 그리는 화가

문순천

문순천

화가이자, 독립 서점 <그리다책방>의 운영자.
그리고 문화예술 기자로 활동하며
글과 그림으로 세상과 소통하고 있다.
교육 콘텐츠 제작과 강의 경력을 바탕으로
다양한 분야에서 지식과 경험을 나누는 강연을 이어가고 있다.

인스타그램 @gridacheckbang
블로그 blog.naver.com/somang2004

무지개를 그리는
화가

✽ ✽ ✽ ✽ ✽ ✽

　지난주, 유홍준 작가님의 신작 《나의 인생만사 답사기》의 독서 모임에 다녀왔다. 《나의 문화유산답사기》 이후 30년 만에 나온 산문집이라 더욱 기대가 컸다. 책을 미리 읽고 각자 발제문을 준비해 왔는데, 그중 '자신을 한 단어로 표현해 보라'는 질문이 가장 흥미로웠다. 묵묵히 한자리를 지키는 '나무', 끊임없이 새로운 지식을 배우고 싶다는 '스펀지' 등 저마다의 가치관이 담긴 답변들이 이어졌다.
　사람들의 대화를 들으며 생각에 잠겼다. 사실 오랫동안 고민해 왔다. '과연 나는 뭐 하는 사람일까?' 화가? 서점 대표? 기자? 지인들조차 나의 정체성을 묻곤 한다. 가끔은 질문인지 취조인지 헷갈릴 때도 있다.

어릴 때부터 책을 좋아했다. 책을 좋아하는 아이는 드물지 않겠지만 독후감 쓰는 것을 좋아하는 아이가 과연 있을까? 적어도 나는 그랬다. 엄마 말씀에 따르면 네 살, 한글을 익힌 뒤부터 읽고 쓰는 것을 좋아해서 매일 책과 노트를 1권씩 사주셨다고 했다.

초등학교에 올라가니 증상이 심해졌다. 글씨를 예쁘게 쓰고 싶었고 그림 그리기가 너무나 좋았다. 선생님이나 친구에게 편지 한 통을 쓸 때도 대충 주는 법이 없었다. 아기자기한 그림과 감각적인 글씨체로 정성껏 꾸며야 직성이 풀렸다. 숙제조차 남들과 똑같이 내기 싫었다. 멋스러운 그림과 글씨체로 나만의 특별한 작품을 만들어야 했다.

칭찬을 받기 위해서가 아니었다. 그냥 너무 재미있었다. 글씨를 쓰고 그림을 그리고 있으면 시간 가는 줄을 몰랐다. 초등학교 3학년 때부터 서예를 시작했다.

학원에 처음 들어섰을 때, 방 안 가득했던 묵향이 아직도 생생하다. 학교가 끝나자마자 서예 학원으로 달려가 먹을 갈았다. 은은히 피어오르는 묵향, 먹물을 가득 머금은 붓의 무게감, 화선지에 글씨가 번져나가는 느낌까지 모든 것이 좋았다. 그렇게 시작한 서예로 해마다 교내외 대회에서 상을 받았고, 우리 집에는 상장과 부상들이 쌓여갔다. 우리 집에 놀러 왔던 이모는 내 글씨가 좋다며 서예 작품을 써달라고 부탁했다.

한여름, 에어컨도 없는 방에 틀어박혀 아침부터 저녁까지 글씨를 썼다. 평소 에어컨 없이는 견디지 못했는데 더운 줄도 몰랐다. 깊은 물 속으로 빠져드는 느낌이었다. 아마도 난생처음 느낀 몰입의 기쁨이었으리라. 이모는 새로 이사한 아파트 방마다 내 글씨를 표구해서 걸어두었다. 초등학교와 중학교를 졸업할 때는 '본교를 빛낸 공로상'을 받았고, 고등학교 때는 문예부와 학보사 생활을 병행했다.

당시 학보사는 치열한 면접을 뚫고 들어가야 할 만큼 인기가 좋았다. 공부보다 행사 준비나 대외 활동에 더 많은 에너지를 쏟았다. 시화전을 준비하고 교지를 발행하고 사람들과 교류하는 것이 너무나 즐거웠다.

그토록 좋아했던 글과 그림이었지만 전공으로 택하진 않았다. 어렸지만 예술가의 삶이 배고프단 건 알고 있었다. 사회에 나가 한몫을 해야겠다는 정의감도 있었다. 아버지도 어렵게 얻은 첫딸이 사회적으로 크게 성공하기를 바라셨다.

법학과에 들어가 처음 접한 리걸 마인드 Legal Mind 는 마치 미지의 세계와 같았다. 소설 속 문장에 오래도록 머물고, 그림 한 장에서 삶의 위로를 찾던 나에게는 낯설고도 차가운 개념이었다. 나의 세상이 억지로 네모난 틀 안에 욱여넣어지는 기분이었다. 내 안의 예술적 감수성과 법학의 논리적 체계가 사사건건 대립하고 충돌했다. 마음이 맞는 동기와 '그래서 언제 그만둘래?'란 말을 입버릇처럼 달고 다녔다.

하지만 사법고시를 준비하면서 생각이 바뀌기 시작했다. 법학의 냉철함이 오히려 공동체가 더 공정하게 살아가도록 돕는 또 다른 감수성이라는 걸 깨닫게 되었다. 그제야 리걸 마인드의 참된 의미를 이해할 것 같았다. 처음엔 '억지'로 느껴졌던 판례 해석이었지만 논리의 결을 따라가다 보면 '아, 그래서 이런 결론이 나오는구나' 하고 깨닫는 순간이 있었다.

예술이 감정의 깊이를 보여주는 언어라면, 법학은 논리의 정교함을 드러내는 언어였다. 너무나 달라 보였던 한 쌍이었지만 결국 둘 다 인간을 이해하기 위한 길이었다. 예술이 인간의 마음을 비추는 거울이라면, 법은 그 마음들이 충돌할 때 길을 찾게 해주는 나침반이었다. 리걸 마인드 속에서 나는 공동체를 지탱하는 이성의 감수성을 발견했다. 리걸 마인드는 내게 삶을 바라보는 또 다른 눈을 열어주었다.

그러던 어느 날, 서울에 사는 남동생에게서 '전화해'라는 문자가 와 있었다. 부재중 전화도 여럿이었다. 불길한 예감이 들었다. "누나, 놀라지 말고 들어. 아빠가 암이래. 많이 안 좋으시다고 하네. 얼른 집으로 와." 믿을 수 없었다. 믿기 싫었다. 매년 건강 검진을 받던 아빠가 손쓸 수 없는 말기 암이라니. 남은 시간이 고작 두 달뿐이라고 했다. 평생을 성실하게 일만 하시다가 이제 조금 쉬실 나이가 되셨는데, 아무것도 누려보지 못하고….

설마, 설마 했지만 아빠는 정말 의사의 말대로 딱 두 달 만에 우리 곁을 떠나셨다. '100세 시대'라더니, 그건 누구에게나 허락된 삶이 아니었다. "나중에 여행 많이 가자." '나중에, 나중에'라고 말했던 그 '나중'은 영영 올 수 없게 되었다.

정신없이 장례를 치렀다. 더 이상 미룰 시간이 없었다. 이제라도 하고 싶었던 일을 해야겠다는 생각이 들었다. 그림을 그리고, 책을 읽고, 글을 쓰는 삶이었다. 어린 시절부터 나를 위로하고 행복하게 해주었던 그림과 책에 내 인생을 걸어보기로 했다.

그림을 다시 시작했다. 미대 대학원에 진학해 한국화를 전공했고, 석사 학위까지 취득했다. 어릴 적 서예로 시작해 한국화로 이어진 그림 인생이 전공이라는 새로운 이름표를 단 순간이었다. 물론 대학원 생활은 쉽지 않았다. 전적으로 그림에만 매달릴 수 있는 형편이 아니었기에 영어 과외를 병행하며 수업을 듣고 그림을 그려야 했다.

특히 졸업을 위해 1,000호 이상의 다작을 그려야 하는 석사 학위 청구전은 나에게 엄청난 도전이었다. 그렇게 힘들게 준비한 첫 개인전. 오픈식 날, 나는 인사말을 하다가 그만 아이처럼 울고 말았다. 교수님들과 동기, 선후배 작가들, 그리고 많은 손님들 앞에서 엉엉 울어버렸다. 교수님들과 다른 작가님들도 연신 눈물을 훔치셨다. 나의 마음을 알 것 같아서, 그림 그리는 일의 녹록지 않음을 너무나 잘 아는 까닭이었으리라.

개인전 이후, 거짓말처럼 팔이 올라가지 않는 병을 얻어 고생했다. 옷의 단추를 못 잠글 정도로 통증이 심해 서울에 있는 병원까지 다니며 치료를 받았다. 그럼에도 불구하고 그림을 계속 그리겠다는 다짐은 흩어지지 않았다. 오랜 시간 붓을 들고 캔버스 앞에 앉아 깨달은 진리가 있다. 그림은 단순히 '잘 그리는 기술'을 넘어, 마음을 담고 나를 담는 언어라는 것이다. 많은 사람이 그림을 완벽한 구도와 섬세한 묘사로 대상을 복제하는 기술이라고 생각한다. 나 역시 처음에는 그랬다.

하지만 붓을 들고 자신을 탐험하는 여정을 시작하면서, 그림이 단순히 눈에 보이는 것을 재현하는 행위를 넘어선다는 것을 알게 되었다. 어떤 색을 고르고, 어떤 질감을 표현하며, 어떤 구도를 잡을지 고민하는 모든 순간은 나의 생각과 감정, 내면의 세계를 캔버스에 투영하는 과정이었다.

때로는 아무런 계획 없이 붓이 이끄는 대로 그리기도 했는데, 그렇게 무의식적으로 그어진 선과 색채 속에서 미처 알지 못했던 나의 모습을 발견하곤 했다. '아, 내가 이런 감정을 느끼고 있었구나.' '내가 이런 것에 끌리는 사람이었구나.' 스스로에게 묻고 답을 찾는 깊은 사유의 시간이었다.

이러한 깨달음은 그림을 넘어 '글'이라는 또 다른 영역으로 확장되었다. 대학원에서 논문을 쓰는 과정은 내게 놀라운 경험을 선사했다. 그동안 이미지로만 표현해 왔던 마음과 작업의 의미를 문자로 정리하는 일은 또 다른 차원의 자아 발견이었다. 어렴풋하게만 알고 있던 감정의 실체와 작업의 본질이 글이라는 형태로 구체화되면서 명확하게 정리되는 것을 느꼈다. 마치 엉켜 있던 실타래가 하나하나 풀리면서 온전한 하나의 그림이 완성되는 듯한 희열을 느꼈다. '이 그림은 이런 의도였구나', '내가 정말 하고 싶었던 이야기는 이거였구나'라며 스스로에게 물음표를 던지고 답을 찾아가는 과정은 내면의 세계를 더욱 단단하게 만들었다.

마침내 논문 심사라는 최종 관문을 통과했을 때, 나는 그림과 글에 이어 '말'의 힘을 깨달았다. 교수님들과 선후배들 앞에서 내 논문과 그림을 직접 말로 설명하고 질의응답을 하는 시간은 창작 세계를 더욱 견고하게 정립하는 데 큰 도움이 되었다.

특히 '대전 예술가의 집'에서 열린 개인전에서는 많은 관람객과 직접 소통하며 내 작품에 대한 다양한 해석과 감정을 들을 수 있었다. 그림, 글, 그리고 말. 이 세 가지 언어가 나의 창작 세계를 완성하는 퍼즐 조각이 되어주었다. 내면의 이야기를 캔버스에 담고, 그 마음을 논문에 글로 풀어내며, 최종적으로는 입으로 직접 설명하는 과정을 통해 내 작품은 비로소 온전한 의미를 갖게 되었다. 이 모든 과정이 나를 더 깊이 이해하고, 나아가 다른 이들과 진정으로 소통하는 방법을 배우는 여정이었다.

무려 10년이 넘는 시간 동안 꾸준히 독서 모임을 다녔다. 카페와 서점들, 숱한 타인의 공간을 부단히 드나들며 '나만의 공간'에 대한 갈증은 커져갔다. 마침 그림을 그릴 작업실도, 그림 지도를 할 화실도 필요했다. 문득, 이 두 가지를 함께 즐길 수 있는 공간을 만들면 어떨까 하는 생각이 들었다. 일상에서 벗어나고 싶은 이들에게 아늑한 분위기를 선사하고, 책방 곳곳에 직접 그린 작품들과 표지가 아름다운 책들을 비치해 작은 갤러리에 온 기분을 느끼게 해주고 싶었다.

그때부터 나만의 공간을 찾는 여정이 시작되었다. 마음에 드는 장소를 찾는 일은 쉽지 않았다. 대부분 주차 공간이 부족했고, 월세는 감당하기 어려울 만큼 비쌌다.

발품을 팔던 중 부동산에서 전화가 왔다. 아파트 상가라 주차 걱정이 없는 곳이 나왔다고 했다. 설레는 마음으로 찾아간 그곳은 크진 않았지만, 올 화이트로 꾸며져 있어 깨끗하고 깔끔했다. 내 머릿속에 그리던 그림이 펼쳐지는 느낌이었다.

서점을 여는 절차는 생각보다 간단했다. 임대차 계약서를 들고 세무서에 가서 신고하면 끝이었다. 중요한 것은 공간을 채워 넣는 일이었다. 올 화이트의 벽과 바닥에 어울리도록 모든 것을 하얗게 꾸미기로 했다. 화이트 서가를 주문하고, 책상과 의자도 모두 흰색으로 맞췄다. 알록달록한 책 표지와 벽에 걸린 내 그림이 잘 보여야 하기 때문이었다. 책방이지만 때로는 기획 전시를 열어 그림을 좋아하는 사람들과도 소통하고 싶었다.

책방을 열었지만, 아무도 찾아오지 않았다. 사람들 눈에 잘 띄지 않는 곳에 꽁꽁 숨겨져 있었기 때문이다. 이대로는 안 되겠다 싶어 시작한 것이 인스타그램이었다. 무엇을 어떻게 올려야 할지도 몰라, 일단 책 사진부터 한 장 찍어 올렸다.

책방의 존재를 알리는 유일한 방법이었지만 그래도 마음 한편이 든든했던 것은 새로운 시작을 응원해 주는 소중한 인연들이 있기 때문이었다. 책방 오픈 때 진심으로 축하한다며 화환을 보내주신 선생님이 계셨는데, 얼마 뒤 아는 선배가 책을 냈다며 신간 도서를 한 권 보내주셨다. 그 책이 바로 이현 작가님의 《모든 일은 센스로 시작합니다》였다. 10여 년간 아나운서로 활동했고, 싱어송라이터이자 기업과 공공기관에서 활발히 강연하는 분이셨다.

입고 사진을 인스타그램 피드에 올렸는데, 놀랍게도 이현 작가님께서 직접 DM을 보내셨다. '그리다책방에서 북토크를 할 수 있을까요?'라는 제안이었다. 일 센스, 말 센스, 일상에서의 센스에 대한 이야기는 책방에서 처음으로 여는 행사에 딱 맞는 주제였다.

디지털 드로잉으로 포스터와 홍보물을 만들었다. 그리고 상가 내 식당, 부동산, 사무실 등에 찾아가 홍보했다. 같은 건물 국숫집 '녹두네' 사장님은 흔쾌히 포스터를 붙여주셨고, '그리다책방 가는 길' 안내도까지 만들어 식당 안에 붙여주셨다. 그런데 하필 북토크 날짜가 내 개인전 일정과 겹치게 되었다. 하나만 준비해도 힘들 개인전과 북토크 준비를 동시에 진행하려니 너무나 버거웠다.

결국 두 번째로 코로나19에 걸리고 말았다. 평생 맞지 않던

링거까지 맞으며 빨리 회복하려 애썼다. 작가님이 개인전이 열리는 '대전 예술가의 집'으로 직접 찾아와 주셨다. 그림에 대한 이야기를 나누다 전시장에서 책방으로 함께 이동했다.

북토크는 성공적이었다. 첫 단추를 꿴 후로 많은 작가님들과의 만남이 이어졌다. 관심 있는 작가를 직접 섭외하기도 했고, 저자가 먼저 연락을 주는 경우도 있었다. 책방 손님들의 추천을 받아 새로운 작가를 만나는 경우도 있었다. 북토크와 강연, 어떤 만남도 귀하지 않은 것이 없었다.

나는 또 다른 만남을 기획했다. '영어 원서 읽기 독서 모임'이었다. 원체 영어를 좋아하기도 했고 당시 대전에 영어 원서 독서 모임이 없었던 것도 이유였다. 함께 읽을 첫 책으로 《Tuesdays with Morrie(모리와 함께한 화요일)》를 선정했다. 미치 앨봄이 쓴 논픽션 회고록으로, 루게릭병으로 시한부 선고를 받은 스승 모리 슈워츠 교수와 제자인 미치의 마지막 만남을 통해 삶과 죽음의 의미를 탐구한 작품이었다.

우리는 격주로 한 번씩 만나 완독하는 것을 목표로 했지만, 오프라인 모임 두 번으로는 턱없이 부족했다. 네이버 카페를 만들어 인증하고 소통했다. 즐거움이 넘치던 어느 날, 카페에

긴 글이 올라왔다. 겉으로는 자수성가한 성공한 사장님이었고, 30대의 어여쁜 십만 유튜버, 인스타그램 인플루언서였다. 따르는 제자들도 많았고 주문이 밀려들어 쉴 시간이 없을 정도로 성공한 분이었다.

그런데 속으로는 아니었던 것이다. "겉으로는 모두가 부러워하는 삶을 살고 있었지만, 마음속 깊은 곳에서는 삶의 의미를 잃고 방황하고 있었습니다. 삶에 대한 깊은 회의와 무력감으로 괴로워하고 있었어요. 삶의 마지막을 앞둔 모리 교수가 던진 "나는 실고 싶다."는 한마디가 제게 깊은 울림이 되었습니다."

이야기 속에서 자신의 진짜 목소리를 듣게 된 것이다. 책 속의 문장으로 길을 찾았고, 스스로를 사랑하는 법, 자신의 가치를 회복하는 법을 깨닫게 되었다는 고백이었다. '결국 사랑이 이기겠죠'라는 모리 교수의 마지막 말처럼, 삶을 향한 따뜻한 희망을 다시 품게 되었다고 하셨다. 글을 읽는데 나도 모르게 눈물이 났다. 그저 영어 원서 읽기를 권했을 뿐인데, 누군가의 삶에 이토록 놀라운 일이 일어나다니.

나는 함께 그림을 그리는 시간도 마련했다. 참가자들은 복잡한 생각을 잊고 오롯이 그림에 집중하는 시간이 정말 행복하다고 말씀하셨다. 오직 붓끝의 움직임과 색의 조화에만 몰두하다 보면 어느새 일상에 지친 마음이 씻겨내려 간다고 하셨다. 개인적인 치유를 넘어 새로운 커뮤니티를 형성하기도 했다.

그림 모임을 통해 열었던 전시회는 모두에게 특별한 추억이 되었다. 자신의 그림을 발표하는 시간은 더없이 진솔하고 유쾌했다. 그림에 대한 질문을 주고받는 과정에서 느껴지는 순수한 시선과 신선한 해석은 그림을 전공한 나에게도 큰 영감과 재미를 주었다. 그림을 통해 맺어진 인연들이 모여, 서로의 삶과 예술을 공유하고 응원하는 따뜻한 공동체가 만들어진 것이다.

책과 그림을 섭복한 녹서 모임은 그 시너지를 가장 잘 보여주는 예시였다. 단순히 활자를 읽고 감상을 나누는 것을 넘어, 책에서 받은 감동이나 떠오르는 이미지를 그림으로 표현하고 감동적인 문구를 손 글씨로 덧붙이는 활동은 참가자들에게 신선한 경험을 선사했다.

텍스트로만 남길 때보다 글과 그림이 함께할 때 감정은 더욱 풍부해지고, 기억은 더 선명하게 각인되었다. 나 역시 책에서 얻은 영감으로 그림을 그리고, 그 그림을 통해 느낀 마음을 다시 글로 써 내려가며 서로가 서로에게 영향을 미치고 도움을 받는 것을 체감했다. 그림이 막힐 때 글이 실마리를 던져주고, 그림을 그릴 때 글이 더 깊은 의미를 부여해 주는 식이었다. 그림과 글이 만나 시너지를 내고, 사람들과 함께하며 치유와 발견을 경험하는 과정은 예술의 또 다른 지평을 열어주었다.

"대표님! 대표님! 대표님?" 어느새 내 차례였다. 망설임 없이 "무지개요!"라고 말했다. 나를 한마디로 표현해달라는 질문에 무지개를 그리는 사람이라고 답했다. "저는 그림을 그리는 화가이자 책을 사랑하는 서점 대표입니다. 때로는 강단에 서서 강의를 하고, 취재하고 기사를 쓰며 콘텐츠를 발행하는 기자이기도 합니다. 이렇게 다양한 활동을 하는 저를 보며 어떤 지인은 의아하다는 듯이 물었습니다. '너의 정체성이 뭐야? 화가야? 서점 지기야? 기자야?' 질문인지 따지는 것인지 모호한 그 말에 처음에는 사람들이 저를 이상하게 생각할 수도 있겠구나 싶었습니다. 잠시 제가 이상한 건가, 아니면 이 모든 것을 정리해야 할까 고민하기도 했습니다. 하지만 이내 깨달았습니다. 그럴 필요는 없다는 것을. 이 모든 것이 바로 저이기 때문입니다. 이 모든 것이 저를 이루는 색깔들입니다."

책방이라는 공간도 그렇지 않던가. 매일 새로운 책들이 들어오고, 그 책들을 통해 다양한 사람들과 만나는 곳. 책을 읽는 사람도, 책을 쓰는 사람도, 단순히 책방을 구경하러 온 사람도 모두 다른 색깔을 가지고 있다. 그들이 모여 만들어내는 이야기는 마치 여러 빛깔이 뒤섞여 반짝이는 풍경 같다.

나도 이곳에 어울리는 사람이 되고 싶다. 한 가지 색으로는 정의할 수 없는 다양한 색을 가진 존재가 되고 싶다. 끊임없이 새로운 이야기를 읽고, 다양한 사람들의 생각과 감정을 이해하며 공감하고 싶다.

책방은 그런 나의 마음을 담아낸 그릇과 같다. 각자의 색깔을 가진 사람들이 모여 하나의 아름다운 무지개를 만들어내는 곳. 책방 사장인 나의 일은, 그 무지개가 더욱 선명하고 아름답게 빛나도록 돕는 것이다.

오늘도 나는 책방으로 출근할 것이다. 어김없이 주문한 책 박스들이 문 앞에 쌓여 있을 것이다. 책들을 분류해 서가에 꽂고, 희망 도서를 신청하신 분들께 책이 도착했다는 문자를 발송할 것이다. 작은 책방이지만 하루라도 청소를 거를 순 없다.

책은 습도와 온도에 민감한 존재이니까.

인스타그램에 입고된 도서 사진을 올리고, 블로그에 서평을 올릴 책을 펼칠 것이다. 책방을 운영한다고 하면, 사람들의 반응은 극명하게 나뉜다. "정말 부러워요, 나도 책방 여는 게 꿈이에요."라는 부류가 있고, "그렇게 힘든 일을 왜 하냐."는 부류가 있다. 돈도 안 되는 일을 왜 하냐는 사람이 있고, 좋아하는 책을 실컷 읽을 수 있어 좋겠다는 사람도 있다.

물론 책방 운영이 쉽지만은 않다. 일단 책을 보는 인구가 적고, 책을 사는 사람들조차 예스24나 쿠팡 같은 온라인 서점을 이용한다. 많은 사람들에게 동네 서점은 그저 책방지기의 큐레이션을 구경하고 사진을 찍는 장소일 뿐이다. 어쩌다 있는 책방 지원 사업도 책방 자체에 직접적으로 경제적 지원을 하지는 않는다. 작가님께 드리는 강의료 정도를 지원할 뿐, 프로그램 기획이나 작가 섭외, 모객 등은 온전히 나의 몫이다.

하지만 낡은 형광등 불빛마저 좋아해 주시는 손님들의 응원이 오늘 책방 문을 열 힘이 되어준다. 책방을 열고 난 후에는 행복이 더 이상 '나'만의 것이 아니게 되었다. 책방을 찾는 사람들의 행복한 얼굴을 보는 것이 나의 새로운 행복이다. 기획한 독서 모임을 통해 누군가의 삶에 긍정적인 변화가 일어나는 것을 지켜보는 것이 보람이다. 좋은 글과 그림을 함께 공유하고 다채로운 감상을 나누는 것이 나의 기쁨이다. 그러한 순간들이 나를 계속 나아가게 하는 원동력이 된다. 내가 마련한 이 작은 공간에서 무언가가 시작된다는 체감이 나를 살게 한다.

읽는 기쁨, 쓰는 보람

김민

김민

작가 겸 프리랜서 편집자로 일한다.
거실로 출근해 침실로 퇴근한다.
고요한 바닷가 마을에서
읽는 기쁨과 쓰는 보람으로 살고 있다.
《오늘 날씨, 읽음》,《지은이에게》,
《유서를 쓰고 밥을 짓는다》등을 썼다.

인스타그램 @just_kim_minute

읽는 기쁨,
쓰는 보람

❋❋❋❋❋❋❋

　가난에 소년은 몸 둘 바를 몰랐다. 초등학교 다닐 때 가정형편 조사라는 걸 했다. 담임은 종이를 나눠주더니 냉장고는 있는지, 자동차 종류는 뭔지, 집은 월세인지 전세인지, 아니면 자가인지, 부모님은 무슨 일을 하는지 적게 했다.

　선생의 얼굴이나 이름은 생각나지 않는다. 또렷하게 기억나는 건 중산층이라고 손을 들자 "너는 아니니까 손 내려."라고 말했을 때 느꼈던 수치심뿐이다. 선생의 한마디를 기점으로 많은 것이 바뀌었다. 병균 같은 것이 몸 어딘가에 뿌리를 내렸다는 사실을 알았지만 어린 내게는 막을 힘이 없었다.

가난이라는 단어가 박히는 순간 내 안의 무언가가 죽어버렸다. 눈에 보이지 않는 가난을 원망할 수 없으니 아버지를 원망했다. 같은 반 아이들의 눈치를 보게 되었고 따돌림을 당하게 되었다. 그때부터 놀이는 재미없어졌고 학교에 가는 것이 두려워졌다. 리코더나 스케치북, 크레파스 따위를 사달라고 말하지 않는 아이가 되었다.

한 학기가 끝날 때 책거리라고 분단 별로 가져온 과자나 음식을 나눠 먹을 때도 혼자였다. 같이 먹자는 아이도 있었지만 고집스럽게 등을 돌리고 꾸역꾸역 빵을 먹었다. 통조림 공장에 다니시던 엄마가 배고픔을 참고 아들을 위해 챙겨온 빵이었다. 빵에 뚝뚝 떨어지던 눈물, 그때 먹었던 땅콩 크림 샌드위치가 처음 맛본 눈물 섞인 밥이었다.

나는 너무 일찍 철이 들어버렸다. 도서관만이 내가 도망칠 수 있는 장소였다. 세상은 적어도 책의 너비만큼은 머물 공간을 허락해 주었다. 도서관은 나를 품어주는 단 하나의 장소였으며 책은 말을 건네주는 유일한 친구였다. 도서관은 남자와 여자를 가려 받지 않았다. 어른과 아이를 구별하지 않았다. 부자와 가난한 이로 차별하지 않았다. 도서관에는 그저 책을 읽는 사람이 있었을 뿐이다.

도서관에서 책을 읽으며 몸과 마음이 자라기를 기다렸다. 열다섯, 연탄 배달 일로 육체노동과 인연을 맺었다. 특수견 훈련소를 짓는 공사판에 나갔고 황토집에 지붕을 올렸다. 주유소와 세차장에서 일했다. 아파트 공사장에서 거푸집을 날랐고 건물 철거 현장에서 망치질을 했다.

가난의 늪에서 빠져나오려 몸부림쳤다. 허리가 돌아가고 뺨을 맞아도 출근을 멈추지 않았다. 접골원에서 뼈를 맞추고 홀로 울다 다시 일터로 나갔다. 악착같이 모은 3년 치 대학교 등록금이 집의 빚을 갚는 데 들어가 버렸다.

아버지를 볼 자신이 없었다. 먼 곳으로 떠나고 싶었다. 정신을 차려 보니 경기도 안산이었다. 그래도 돈은 벌어야 했다. 가게에서 일하기 시작했다. 이왕 하는 거니 열심히 해야 했고 인정을 받고 싶었다. 다시 시작할 수 있을 것만 같았는데 이게 무슨 일인가! 월급이 밀리기 시작했다. 나 역시 세상에서 떠밀려 가는 기분이었다. 노동청에 신고했지만 결국 한 푼도 받지 못했다.

번데기 통조림 한 캔에 소주 한 병으로 하루를 버텼다. 전기가 끊긴 원룸에서 죽음을 생각했다. 목숨을 끊으려 했지만 죽고 싶어서가 아니었다. 너무 힘들면 자신이 무슨 생각을 하는지도 모르게 되어버리는 거였다. 죽는 것 외에는 탈출구가 없다고 생각했지만 내겐 친구가 있었다. 친구가 나를 살렸지만 그땐 고마운 줄도 몰랐다.

패배자가 되어 통영으로 돌아왔다. 한동안 멍하니 지냈다. 좁은 부엌을 사이에 두고 한쪽 방에는 제초제를 마신 아버지가, 맞은편 방에는 손목을 그은 아들이 있었다. 서로의 숨소리조차 조심스러운 날들이었다. 숨을 쉬는 것마저 힘겨운 날들이었다.

그때 엄마의 마음은 어떠했을까. 잠들어 깨어나지 않길 바란 밤들을 엄마는 어떻게 버텨낸 걸까. 엄마가 문틈 사이 끼워둔 만 원짜리를 보며 이렇게 살 수는 없다 싶었다. 다음 날 새벽 모자를 깊게 눌러쓰고 인력 사무소에 나갔다. 어떤 날은 일이 있었지만 어떤 날은 일이 없었다.

일을 나가지 못한 날은 모자를 눌러쓰고 걸어서 충무대교를 건넜다. 다들 갈 곳이 있었는데 나만 없었다. 다리 아래로 몸을 던지고 싶었다. 어느 날인가 아버지와 함께 작은 조선소에 일을 나간 적도 있었다. 아마 아버지도 다시 살아보려 한 것이 아니었을까. 유람선 패드를 갈고 청소하는 일이었다.

튜브 속으로 들어가 나사를 풀고 조일 때 들리던 아버지의 거친 숨소리를 나는 기억한다. 그 뒤로도 어떻게든 살아보려 애썼다. 아파트 공사장에서 일했고 땅속으로 들어가 케이블을 끌었다. 그러다 미륵산 케이블카 공사에 참여하게 되었다. 기간이 일 년이 넘는 장기 공사였다.

트럭 뒷자리에 올라타 산에 올랐다. 내가 전기톱으로 나무를 베면 다른 인부들이 아래로 날랐다. 단순하고 손쉬운 일이었다. 점심이면 식사를 배달해 왔고 소풍 온 기분으로 밥을 먹을 수 있었다.

이 일을 계속한다면 다시 뭔가 시작해 볼 수 있을 것 같은 기분이 들었다. 하지만 환경보호단체와 스님들의 시위로 공사가 중단되고 말았다. 그동안 일한 돈을 먼저 달라고 했더니 인력사무소 여자는 내일부터 나오지 말라고 했다. 벼룩시장과 교차로 구인란을 뒤져 일자리를 찾았다. 한 레스토랑에 직원 면접을 보러 갔고 다음 날부터 일하기로 했다.

2004년 4월 15일. 그날의 풍경을 잊지 못한다. 아침 10시에 첫 출근을 해 일을 배우고 있을 때였다. 문을 열고 그녀가 들어왔다. 운명의 사랑이란 건 정말 존재하는 거였다. 첫눈에 이 사람이란 걸 알 수 있었다. 노란 나이키 티셔츠에 청바지를 입은 그녀를 보는 순간 반해 버렸다.

그때까지 나는 여자를 쉽게 생각했었다. 말만 잘하면 넘어오는 존재라 여겼다. 그러나 그녀에게는 그럴 수 없었다. 그렇게 빛나는 사람을 이성으로 여기는 것은 죄악 같았다. 몇 달을 끙끙 앓았다.

친구들은 나를 '땡○'이라 불렀다. 술자리든 어디든 만나면 땡 하고 그녀 이야기를 시작했기 때문이었다. '자 봐. 이런 문자를 보냈는데 마음이 있는 걸까?' '이런 선물을 받았는데 무슨 의미일까?' '같이 밥을 먹기로 했는데 어디로 가야 할까?' 물음표, 물음표. 그녀에 대한 궁금증으로 나의 세상이 가득 차 있었지만 손목의 붉은 흔적과 가난한 내 모습 때문에 고백하지 못했다. 오빠 동생 사이로도 지내지 못하면 미쳐 버릴 것만 같았다. 함께 밥을 먹고 영화를 보고 차를 마시면서도 마음을 드러내지 않았다. 그해 여름 달콤했던 첫 입맞춤까지는 그랬다.

그녀는 나를 나은 사람으로 만들어 주었다. 레스토랑을 그만두고 약국에서 일을 시작했다. 일을 마치면 함께 도서관에서 공부를 했다. 김밥 한 줄, 붕어빵 한 봉지에도 행복해하는 사람이었다. 적금 통장을 만들어 주어 저축을 시작했다. 꿈결 같은 시간이었다. 기쁨으로 가득한 오늘과 희망으로 채워진 내일이 끊임없이 이어지는 날들이었다.

그녀가 재수 끝에 대학교에 입학하게 되었을 때 나는 진주로 따라 올라가기로 했다. 비디오방에서 일하며 공무원 시험을 준비했다. 한 끗 차이로 시험에 떨어졌을 때 사람들은 일 년만 더 하면 충분히 합격할 수 있다고 했지만 나는 가게 매니저 일을 구했다. 공무원이 적성에 맞는 일이라 생각하지 않았고 이제는 그녀에게 좋은 것들을 주고 싶었다. 그렇게 찾아간 가게에서 십삼 년을 일하게 될 줄은 몰랐다.

결혼을 약속했던 그가, 난생처음 부모님께 소개드렸던 그 사람이, 가난한 내 민낯을 보여준 단 한 사람이, 그런 민낯마저 사랑해 준 그녀와 헤어질 거라고는 상상조차 하지 못했다. 햇수로 구 년이었다. 아버지가 아이처럼 엉엉 우는 모습을 처음 보았다. 친구는 매일 내 안부를 확인하려 전화를 걸었다.

김민

나를 혐오하고 원망하며 몇 년을 흘려보냈다. 제정신이 아닌 상태로도 일을 했다. 내게 주어진 상실을 이해하기 위해 글을 썼다. 엉망진창인 일상, 만신창이인 몸과 마음이었지만 활자 안에서 생은 가지런했다. 글쓰기에 깃든 치유의 힘이 나를 지탱했다.

우연한 기회에 공저 에세이에 참여하게 되었다. 나를 위한 첫 번째 글을 쓰는 데에는 36년이 걸렸지만 첫 번째 시집을 내는 데에는 몇 달도 걸리지 않았다. 100일 동안 쓴 원고를 모아 첫 번째 수필집을 출간했다. 앞으로의 삶을 생각했다. 이대로 살 수는 없었다. 글을 써서 먹고살 수 있을지는 모르지만 글을 쓰다 죽을 수 있다면 그걸로 충분하다 여겼다. 13년을 일한 직장을 그만두고 작가로서의 삶을 시작했다.

아무도 써달라고 하지 않았지만 그래도 썼다. 가난을 친구 삼고 고독을 연인 삼아 썼다. 이렇게 형편없는 글을 도대체 왜 쓰고 있는지 모를 때에도 그저 썼다. 색이 없는 그림을 그렸다. 소리 없는 노래를 불렀다. 움직임 없는 춤을 추었다. 무채색 활자 속에서 삶은 무지갯빛으로 피어났다. 고요 안에서 영혼은 치유와 성장을 경험했다.

종이 위에서 생의 노래는 다시 시작되었다. 멋부린 말을 경계하고 그럴듯한 글을 멀리하려 애썼다. 진실보다 아름다운 형용사는 없음을 잊지 않고 단순하고 소박한 언어로 삶을 노래하려 했다. 모두에게 외치는 대신 한 사람에게 고백하는 글을 쓰려 했다.

있는 그대로의 나를 드러낼 용기와 내 모든 힘을 다할 끈기를 소망했고, 문장에 숨결을 담고 이야기에 생명을 불어넣을 지혜를 희망했다. 빛나는 문장보다 어둠 속으로 걸어 들어가 한 사람을 끌어안을 수 있는 이야기를 쓸 수 있기를 간절히 바랐다. 하지만 출간한 책이 쌓여갈수록 통장은 메말라 갔다. 글쓰기가 나만의 섬을 갖는 일이라면 전업 작가가 되는 건 그 섬에 홀로 남겨지는 일이었다. 유리병에 편지를 띄워 보내는 사이 몇 년이 흘렀다.

출판사 대표님의 초대를 받아 서울국제도서전에 간 것이 또 다른 전환점이었다. 새로운 사람을 만나고 새로운 삶을 시작할 힘이 내게 있음을 깨달았다. 글쓰기 챌린지를 시작했다. 시작할 때의 마음은 가벼웠다. 그저 한 달 동안 그들의 이야기를 끌어내기 위한 글감을 제공하면 그뿐이라고 생각했었다.

하지만 그들의 이야기를 들으면서, 그들의 진심을 알게 되면서, 그들의 삶을 듣게 되면서 그렇게 할 수 없게 되었다. 어느새 응원의 말을 남기고 위로의 문장을 쓰고 나 역시 함께 쓰고 있었다. 그들이 고른 단어로 짧은 시를 써서 선물했다. 그들에게 답장을 보냈다. 나의 보람은 누군가 이야기를 시작하도록 도왔다는 실감으로 충분했다.

"작은 일상이 글이 될 수 있음을 깨달았다." "나 자신에게 이렇게 집중한 적이 없었다. 그 어떤 심리 상담 프로그램보다 효과가 있다." "인생의 감사함을 어떤 때보다 많이 생각하고 느끼게 한 시간이었다." "치부를 드러내도 전혀 부끄럽지 않고 마음이 가벼워졌다." "나 자신을 돌아볼 수 있어서 좋았다." "새로운 세상에 나를 놓아두고 내가 변화하는 모습을 지켜보는 것이 좋았다." 이러한 대답으로 보상받았다.

육아에 지친 젊은 엄마도, 아이를 소망하는 새댁도, 6·25에 태어나 산업 현장을 누볐던 어르신도, 파워 블로거를 꿈꾸는 남자도, 아이를 다 키워내고 나니 환갑이 된 여자도, 사회복지를 공부하는 학생도 그곳에서는 작가였다.

본격적으로 글쓰기 수업을 시작했다. 이름은 '몽클 라이팅

클럽'으로 지었다. 몽클, 꿈을 키우는 공간이다. 한 편의 글을 완성한 성취감이 그들 삶에 특별한 경험이 될 것이라 믿었다. 글쓰기라는 세계로 들어서는 계기가 될 거라 믿었다.

달콤한 결과를 보장할 수는 없지만 도전을 시작할 수 있도록 돕는 동반자는 되어줄 수 있을 것이다. 먼저 이 길을 걷기 시작한 사람으로서 내가 아는 모든 걸 전하고 따스한 응원을 건넬 수 있다면 얼마나 보람된 일일까.

한 편의 글을 '완결'해 낸다는 것, 경험해 보지 않으면 모를 환희와 성취감이 깃든 일이나. 공모전에 응모한다는 것, 어쩌면 작가의 탄생을 알리는 신호탄일지도 모른다. 한 줄이 모여 한 편의 글이 된다. 한 꼭지의 원고를 완성해 냈다는 말은 한 권의 책을 쓸 수 있는 능력 역시 있다는 뜻이다.

나도 시작은 공저 에세이에 쓴 한 꼭지의 글이었다. 작가의 재산은 원고뿐이다. 어쩌면 이곳에서 쓴 원고가 작가로서의 삶을 시작하는 종잣돈이 될 거다. 에세이 세 편이면 대부분의 공모전에 참여 가능하고 브런치 작가로도 데뷔할 수 있다. 한 편만 써도 추후 공저 형태로 출간에 도전할 수 있다. 결과가 어떻든 새로운 분야에 도전한 경험은 삶을 가슴 뛰는 무언가로 만들겠지.

하루에 한 번은 동기 부여가 될 글귀를 올리고, 글쓰기 팁을 나누고, 회원들의 상담에 응하느라 늘 출동 태세를 갖춘 상태로 지냈다. 집 밖으로 나가지도 않아 하루 천 걸음도 채우지 못하는 날들이 이어졌다. 자주 밥때를 놓치고 허리는 아프고 머리는 터질 것 같았다. 이따금 밤을 새워 가며 원고에 피드백을 남기다 보면 도대체 왜 이렇게까지 하는 걸까, 멍해지는 순간도 있었지만 그들의 첫 번째 독자가 되어주고 싶었다. 그들을 위한 편집자가 되어주고 싶었다.

그들이 자신의 이야기를 사랑하게 된다면, 글쓰기가 주는 치유와 성장을 경험할 수 있도록 도울 수 있다면 그보다 보람된 일은 없을 테니까. 한 편의 글을 많게는 다섯 번까지 반복해서 피드백해 드렸다. 뭘 그렇게까지 열심히 하냐는 말을 들었지만 개의치 않았다. 진심을 다해 읽어주셔서 감사하다는 말이, 길잡이가 되어 주셔서 고맙다는 말이 내겐 보상이었다. 나를 선생님으로 알게 되어 참 고맙고 다행이라는 말이 보람이었다. 누군가가 이야기를 시작하도록 돕고 있다는 실감, 그걸로 충분했다.

내가 경험한 글쓰기의 힘을 나누고자 했다. 하루 한 줄 마음 쓰기, 줌토크, 북토크, 글쓰기 특강, 첫 책 쓰기 프로젝트, 글쓰기 A/S센터까지. 한 걸음씩 나아가던 어느 날 출판사 대표님께 전화를 받았다. 이번 여름 출간할 에세이가 있는데 편집에 참여해 보지 않겠냐는 제안이었다. '과연 내가 할 수 있을까? 감히 누군가의 원고를 '편집'할 자격이 있을까? 하지만 10권의 책을 출간한 경험이 있지 않은가. 몇만 권의 책을 읽은 독자로서의 경험이 있지 않은가. 2년간 글쓰기 수업을 진행하며 피드백을 한 경험이 있지 않은가.

세상에 날 때부터 편집자인 사람이 있을까. 베테랑 편집자에게도 처음은 있었을 것이다. 그들도 무수한 실수를 한다. 얼마나 많은 오타를 발견했던가. 과연 한숨만 나오는 책은 없었던가. 문학은 예술이지만 책은 상품이다. 편집자들도 일단 책을 '팔아야' 하는 것이다. 무언가를 '파는' 일이 직업이 되면 무심히 지나치기 쉬운 것들이 있다.

창작이 직업이 아니라면 느낄 수 없는 것들이 있다. 물론 그들만큼의 전문성은 없겠지만 내 책을 낼 때처럼 임한다면 그것 또한 무기가 될 것이다. 쓰기와 읽기만을 업으로 삼아 살아온 지난 시간이 나의 무기가 될 것이다. 독자의 시선에 작가의 손길을 더하면 분명 도움을 줄 수 있을 것이다. 내 이름으로 책을 내는 것과는 또 다른 보람을 느낄 수 있을 것이라 믿었다.

몇 달 뒤 나는 편집자라는 이름을 얻었다. 그 뒤로 몇 권의 책을 편집했고 기획도 시작했지만 아직 햇병아리다. 하지만 '세상 모든 이야기에 빛이 있다'는 사실만은 누구보다 잘 안다. 내 이름으로 책을 내는 것과 누군가 책을 내도록 돕는 것은 전혀 결이 달랐다.

출간이 망망대해를 홀로 나아가는 기분이라면, 편집은 강 저편에 서보는 일이랄까. 나의 색을 선명히 드러내는 대신 그의 이야기에 빛을 더하는 일. 분명 결은 달랐지만 이야기라는 거대한 흐름 안에 있었다. 정말이지 쉽지 않은 일이었지만 이야기가 세상에 나가도록 도우면서 나의 이야기 역시 단단해졌다. 누군가 꿈을 펼치도록 돕는 일이, 누군가 자신의 이야기를 사랑하도록 돕는 일이, 내가 새로 꾸게 된 꿈이다.

십삼 년간 잘 다니던 직장을 왜 때려치웠는가. 삼십 년 이상 시행착오를 겪으며 내가 소비를 통해 큰 기쁨을 얻지 못하는 인간임을 깨달았기 때문이다. 그렇다고 소유에 큰 의미를 두는 사람도 아니었다. 생의 절반 이상을 그렇게 살았으니 나머지는 내 뜻대로 살아도 괜찮지 않을까.

훌륭한 선장은 바다가 잔잔할 때 배를 띄우는 법이다. 나를 위한 바람은 오지 않는다. 운명이 이끌어 주길 기대하지 않기로 했다. 그때가 바다로 나갈 순간이었다. 따박따박 들어오던 월급은 사라졌지만 그래서 가슴 뛰는 삶을 산다. 소박하고 검소한 일상, 물론 남들이 보기에는 궁상스러운 삶일지도 모르지만, 좁은 집이라도 감사로 가득 채우고 산다.

비록 유명한 작가는 아니지만 '모든 문장에 밑줄을 긋고 싶다'는 말은 들어 보았으니까. 분명 위대한 작가는 되지 못하겠지만 '삶을 붙드는 한 줄'을 건넬 수 있었으니까. 이만하면 성공한 인생이 아니겠는가.

욕심을 내려놓으니 바라는 대로 살게 되었다. 재능이 넘치는 인간이라서 작가의 삶을 선택한 건 아니다. 대단한 업적을 이루겠다는 각오도 없었다. 그저 글을 쓰며 살고 싶었을 뿐이었다. 이렇게 살 수 없으니 뭐라도 해봐야 했다. 타인을 욕해도 변하는 건 없었다. 운명을 탓해도 아무 일도 일어나지 않았다.

일상을 버틸 힘이 있다면 일상을 바꿀 힘도 있는 거라 믿었을 뿐이다. 어차피 모두가 끝을 향해 가고 있지 않는가. 내일 무슨 일이 생길지 아는 사람은 아무도 없지 않은가. 적어도 하루 정도는 나를 위해 살 수 있을 테고 그거면 충분하다고 여겼다.

어디까지 갈 수 있을지 알지 못한다. 불안과 고독은 나의 친구가 되었고 가난은 나의 반려. 하지만 어쩌겠는가. 이렇게 살아가는 게 싫지 않은걸. 편집 작업이 힘들다고 징징대도 이해해 줄 사람 하나 없고 창작의 고통을 토로해 봐야 입만 아플 뿐이지만, 아무도 없는 망망대해를 표류하는 매일이지만, 이제야 내가 살아갈 집을 찾은 기분인걸.

이것이 내가 선택한 길이니까. 누군가의 이야기가 한 권의 책이 되어 나오는 순간의 보람은 이루 말할 수 없는 기쁨이니까. 글쓰기에 깃든 치유와 성장의 힘을 느끼게 만들 수 있다는 건 놓칠 수 없는 즐거움이니까. 어쩌다 '그러한' 문장을 한 줄이라도 쓰면 세상을 다 가진 기분이 들 테니까.

오늘 의뢰받았던 편집 작업을 끝냈다. 밥을 먹으면서도, 기차 안에서도, 버스 정류장에서도, 아침부터 밤까지 연인처럼 붙들고 있던 원고였다. 애써주셔서 고맙다는 말에, 우리의 글에 반짝임을 더해주었다는 말에, 꼼꼼함과 세심함에 감사하다는 말씀에 마음을 다한 시간이 보상받은 기분이다.

감기약을 먹고, 팔꿈치와 허리에 파스를 바르고 다시 노트북을 켠다. 이것 역시 내가 써야 할 이야기니까. 하루의 일을 끝마치고 나면 다시 읽던 책을 펼칠 것이다. 잠시의 깜빡거림 속에서 이야기는 되살아날 것이다. 어떤 하루를 보냈건 몇 페이지의 책을 읽을 여유가 있다면 근사한 날이라고 믿는다.

어둠 속을 걸어도 책을 읽을 정도의 빛이 있다면 삶은 나아간다. 가치 있다 믿는 일을 하고 있기에 값비싼 물건 따위로 나를 증명할 필요를 느끼지 못한다. 내 곁의 사람에게 집중하고 있기에 타인의 말 따위 들리지도 않는다. 언젠가 끝이 올 것을 알기에 온 힘을 다해 지금을 껴안는다. 읽는 기쁨과 쓰는 보람으로 나아갈 것이다. 단순하고 소박하게 살아갈 것이다. 감사의 눈으로 바라보며, 여행자의 발걸음으로 마지막을 맞이할 것이다.

에필
로그

'내 이름이 새겨진 책 한 권, 내 인생을 녹여낸 글 한 편'을 슬로건으로 필책클럽을 시작한 지도 일 년이 넘었다. 과연 해낼 수 있을까. 이걸 다시 할 수 있을까. 언제까지 이어갈 수 있을까. 왜 이렇게까지 하는 걸까. 막막한 순간이 어찌 없었을까.

하지만 한 권의 책이 완성되었을 때의 보람과 희열이 나를 밀고 간다. 퍼즐처럼 딱딱 맞아떨어지는 키워드들, 빚을수록 빛이 나는 문장들, 저마다의 삶에 깃든 진실들. 책이 만들어지는 과정은 여전히 놀랍기만 하다.

저마다의 직업을 가진 사람들이 모여 작가의 일을 했다. 작가란 단어는 동사, 글을 쓰는 동안 그들은 작가였다. 그들의 이야기는 저마다의 세계였다. 그들의 이야기를 읽으며 나의 우주는 넓어졌다.

이번에는 모처럼 플레이어로 참여하게 되어 즐거웠다. 공저에 들어갈 한 꼭지의 글을 쓰며 작가의 삶을 시작했다. 필책클럽이 쓰는 이의 마중물이 되길 소망한다. 글쓰기에 깃든 치유와 성장의 힘을 계속 나눌 수 있기를 바란다.

- 김민

하나뿐인 이야기를 나누고자 한 글자 한 글자 꾹꾹 눌러 담았다. 이 미약한 인생을 누가 그리 궁금히 여길까 싶다가도, 나의 이야기를 응원해 주는 누군가로 인해 용기 내어 종이 위에 옮겨 놓을 수 있었다.

나만의 이야기를 풀어내기 위해 바쁘기만 했던 발걸음을 잠시 멈춰 세웠다. 지금껏 걸어온 길을 돌아보며 매일 출근길에서 만났던 사람과 풍경을 떠올릴 수 있었다. 낮과 밤의 출근길에서 어떤 옷을 입고 벗을지에 대한 고민과 다짐의 흔적들을 발견했다. 운명처럼 계획된 우연 속에서, 나는 나의 길을 걸어간다. 고요한 길 위에 다시 한 발자국을 내딛는다.

최종 목적지는 아직 알 수 없다. 또 다른 우연을 기대하고 기다리며 그저 발걸음을 옮길 뿐이다. 하지만 발걸음의 이유는 분명하다. 누군가의 마음소리 따라 함께 걷는 일. 마음을 듣고 동행하기 위해 나는 오늘의 출근길을 나선다.

- 박혜영

🌱

필책클럽 2기 덕질에 참여했지만 3기의 키워드, 출근을 보자마자 같이 또 하고 싶어졌다. 통역 스태프로 일했던 경험과 영어 강사로 근무했던 경력, 나의 20대를 한 편의 이야기로 풀어내 보고 싶었다. 국제 행사에 관한 기사나 사진, 인증서 등의 기록을 검색하고 찾아보면서 추억에 잠기기도 했고, '그때 일했던 내용들이나 장면들을 기록해 두었다면 얼마나 좋았을까' 하는 아쉬움도 느꼈다.

메모와 기록의 중요성을 다시 한번 깨달았다. 생각지 못했던 돌발 상황이나 갑자기 영어 단어가 떠오르지 않아 당황했던 일도 시간이 지나고 나니 추억이 되었다. 지금은 웃으면서 글로 쓸 수 있게 되었다.

'이게 과연 글로 쓸 만한 경험이 될까?' 망설이지 말자. 누구도 경험해 보지 못한 특별한 이야기다. 사람들은 타인의 이야기를 궁금해한다. 이 글을 쓰는 내내 행복하고 즐거웠다. 내가 좋아했던 일을 떠올리다 보니 글이 술술 써졌다. 이번에도 김민 작가님과 함께할 수 있어서 신났다. 독자들도 근무지에서의 장면, 기억에 남는 에피소드 등을 메모해 두었다가 한 권의 책으로 출간해 보면 어떨까?

- 문미영

'출근'에 대한 이야기를 쓰면서 오래된 책들을 다시 펼쳤다. 낡은 MP3를 상자 속에서 꺼내 플레이 버튼을 눌렀다. 보물찾기라도 하는 기분이었다. 어렴풋이 남은 흔적을 더듬더듬 따라갔다. 메모하면서 설렜고 쓰면서 그리워졌다. 털털하지만 썰렁했던 서점 아저씨의 웃음이 호탕하고 흥이 많았던 피시방 아저씨의 모습도 떠올랐다. 오랫동안 내버려두었던 사진첩의 먼지를 털어내는 시간이었다.

무표정하고 무뚝뚝해서 혼자일 때가 많았지만 글과 노래를 사랑하는 20대를 살았다. 오직 그때에만 누릴 수 있었던 특별한 시간이었다. 밤이 낮인 것처럼 올빼미로 지나온 30대도 누군가를 열심히 사랑하고 지키는 엄마로 살았으니 후회하지 않는다.

같이 걸어가는 이에게 햇살 보는 법을 배웠고 지워졌던 꿈도 다시 품에 안았다. 다가올 날들을 사랑할 수 있기를, 자주 웃을 수 있는 사람이기를, 모든 순간에 오롯이 감사하는 내가 되길 바라며.

- 신지은

여름휴가를 떠나는 새벽 비행기 안에서 이 에필로그를 쓴다. 발걸음마다 고단했던 나의 출근길을 잠시 뒤로하고 날아본다. 모두 고요히 잠들고 비행기 창 밖 검은 어둠 속, 지상 위 색색의 별빛만이 스치는 이 순간에 쓰고 있다.

사실 휴가 기간에는 쓴다는 것에 얽매이지 말고 온전히 쉬어보자 싶었지만 무언가 번뜩이는 순간, 쓰고 싶은 충동을 참지 못하고 나는 또 쓴다. '출근'이라는 주제의 에세이를 준비하면서 나의 걸음들을 다시 세어보고 또 떠올려봤다. 나의 손길에 누군가가 웃을 수 있기를, 조금이라도 고통을 덜어내고 편안히 잠들 수 있기를 바랐지만 정작 나는 많이 웃었고, 평안했고, 걱정 없이 잠들었던가.

잠시 말없이 입을 삐쭉 내밀게 되지만 아무럼 어떤가. 지금까지 일하는 이유도, 다시 출근하는 이유도 나는 잘 인지하고 있다. 또 받아들이고 있다. 잠시 쉬어가는 시간이 지나고 나면 언제 그랬냐는 듯 다시 출근길에 오를 것이다. 그렇게 묵묵히 걸어 나갈 것이다. 간호사로서의 내 이름을 손에 쥐고.

- 서온

🌱

사람 냄새 풍기며 살아가는 것이, 내 하나의 욕심이었다. 아니, 매일 간절히 바라던 건 그저 오늘 하루, 고요한 밤을 맞이하는 일이었다. 그렇게 기도하며 보낸 결혼생활 19년이었다. 20대 초반, 사랑받으며 살 수 있을 거라 믿고 선택한 도피 결혼은 술 미치광이 신랑에게 저당 잡힌 삶이 되었다.

일찍 결혼한 만큼 잘살고 싶었다. 허니문에서 맞이한 첫아이를 위해 가정을 지키고 싶었다. 나는 죽고 싶지 않았다. 아니, 억울해서 죽을 수 없었다. 할 수 있는 건 소리조차 내지 못한 채 흘리던 눈물뿐이었지만, 그래도 잘 살고 싶었다. 사람답게 살고 싶었다.

"나도 해냈으니, 당신은 나보다 더 잘할 수 있다." 언젠가 말끔히 씻어내고, 비누 향기 가득한 삶을 살 수 있다고, 그렇게 전하고 싶었다. 그렇기에 내가 더 잘살아내야 했다. 그 믿음을 놓지 않고 여기까지 왔다.

    그리고 나는 여전히, 사람 냄새 풍기며 살고 싶다. 아버지, 새어머니, 유태림 여사님, 내 동생 현우, 사랑하는 나의 아이들, 한국타로교육협회 신수정 대표님, 연우사 도우스님, 별자리 심리학 장승현 선생님, 소나무 이사님, 로웰 국장님, 담소 실장님, 베프 김박사, 베프 상옥쌤, 명희 언니, 세연 언니, 윤희 언니, 첫 사람 동훈이 여러분 덕분에 지금 이 자리에 올 수 있었습니다. 고맙습니다. 받은 사랑 나누며 살아가겠습니다! 앞으로도 저의 출근을 응원해 주세요!

- 이해원

첫 수업의 풍경을 지금도 생생히 기억하고 있다. 분명 어설 펐을 텐데도 아이들은 눈을 빛내며 열심히 듣고 있었다. 그날 나는 이 일이 천직이라는 사실을 그냥 알게 되었다. 신도시로 학원을 이전하면서 나를 대표 강사로 발탁하신 원장님 덕분에, 몇 개월 동안 대치동에서 연수를 받을 수 있었다. 지금 생각해 보면 너무나 감사한 일이었고, 그 경험이 나에겐 자양분이 되었다.

이 글을 쓰면서 지금 이곳에 이르기까지, 너무나 많은 분의 도움이 있었다는 걸 이제야 진심으로 깨닫게 되었다. 내가 거쳐 온 학원 원장님들께 마음 깊이 감사함을 전하고 싶다. 또한, 운영 4년 차인 나를 언제나 지지해 주시는 학부모님들에게도 감사하다는 말씀을 드리고 싶다.

무엇보다도, 부족한 나를 무척이나 사랑해 주고 한결같이 아껴주는 우리 귀염둥이 아이들에게 가장 커다란 고마움을 전하고 싶다. 끝으로 묵묵히 나를 응원하고 믿어주시는 모든 분께 감사의 말씀을 드린다.

- 오햇살

🌱

'출근'이라는 주제를 처음 접했을 때, 묵혀두었던 고민을 꺼낼 기회라 생각했다. 지금이야 많은 사람들이 '평생직장'이 더 이상 존재하지 않는다고 생각하지만, 예전의 나에겐 숱한 꼬리표가 따라다녔다.

면접관들은 언제나 당신 직업의 정체성은 어디에 있느냐고 물었다. 질문의 끝에는 언제나 그들이 편견으로 세운 잣대들이 있었다. 그럼 애초에 서류 심사에서 통과시키지 말던가! 아무리 많은 관문을 깨고 올라가도 현실은 변하지 않았다. 그래서 때로는 촘촘히 쌓아온 시간을 후회하기도 했다.

면접을 뚫고 입사를 하더라도 '무슨 일을 하던 사람'이란 수식어는 쉽사리 사라지지 않았다. 매 순간 최선의 선택을 했고, 그 결과를 보였음에도 불구하고 항상 따라붙는 질문들에 한 번

쯤은 스스로 답을 내리고 싶었다.

내가 걸어온 길이, 나와 같은 고민을 하며 흔들리는 누군가에게 '그래, 나만 이런 것이 아니구나.' '세상에 틀린 길은 없구나.' 그러한 작은 위로와 응원이 되길 바란다.

- 퇴근한PD

필책클럽에 참여한 것은 고질, 덕질에 이어 세 번째다. 고질은 지금 내가 겪고 있는 것이기에 그리 어렵지 않았다. 덕질은 내가 사랑하는 것에 대한 이야기라 미처 하지 못한 말도 많았다. 글을 쓴다는 것은 삶을 돌아보는 일이었고 나를 돌보는 일이었다.

하지만 '출근'이란 키워드 앞에서 오래 망설였다. '과연 나는 지금 제대로 된 출근을 하고 있는가?' '사람들은 어떻게 생각할까?' 비록 명확한 답을 내릴 수는 없었지만 용기를 내어 참가했다. 어렴풋한 기억을 되살리기 위해 오래된 파일을 꺼냈고, 잊고 살았던 기록들을 다시 열었다.

자격증과 상장, 편지들을 하나씩 넘겨보다 나도 모르게 '참 열심히도 살았구나' 혼잣말을 했다. 그래, 나 참 열심히 살았다.

그러니 내일을 꿈꿀 자격도 있을 것이다. 지금 내 곁에는 나와 함께 걸어주는 이가 있다. 아이를 아껴주고 사랑해 주는 이가 있다. 지금은 막연하지만 한 걸음씩 나아가다 보면 언젠가 닿게 되리라 믿는다.

- 최은혜

아파서 오랫동안 출근하지 못했던 시절, 내가 매일 걷기 운동을 이어간 이유는 단 하나였다. 다시 출근할 체력을 만들기 위해서였다. 첫 번째 조혈모세포 이식 후 6개월 만에 출근하겠다고 사장님께 말씀드리던 순간이 아직도 생생하다.

내가 지켜본 다른 환우들의 경우, 이식 후에는 대체로 최소 1년의 회복 기간이 필요했다. 그런 가운데 나는 약속대로 6개월 만에 다시 출근했다. 그토록 간절히 바랐던 출근이 현실이 되었던 그날, 사무실에 들어서는 발걸음이 얼마나 떨리고 벅찼는지 모른다. 출근하지 못할 때 비로소 깨달았다. 매일 아침 출근길에 오를 수 있다는 것이 얼마나 큰 선물이었는지를. 그래서 오늘도 출근할 수 있다는 사실에 감사한다.

물론 나도 사람이기에 가끔은 출근하기 싫을 때가 있다. 하지만 그러한 순간마다 나는 떠올리려 한다. 출근길이 내게 얼마나 간절한 희망이었는지를.

- 박혜지

🌱

덥지도 춥지도 않은 가을을 좋아했습니다. 그랬던 제가 "너무 더워!" 잔뜩 인상을 찌푸린 채 연신 부채질을 하는 딸에게 "여름은 원래 더워."라는 말을 웃으며 해줄 수 있는 건 이제는 여름이 좋아져서일지도 모르겠습니다.

가을이 놀기 좋은 계절이라지만 여름에 가장 많이 놀러 다니지 않던가요? (웃음) 제 삶을 돌이켜보면 중대한 결심은 매번 여름이었습니다. 이 글을 처음 쓰기로 결심한 것도 여름 바다에서였습니다. 1월에 한 결심은 가물가물, 버티고 있는 나날에 숨이 턱끝까지 차올라 더는 달릴 기운이 남아있지 않아 주저앉고 싶었던 어느 날, 밀린 여름방학 숙제를 하듯 실행 버튼을 눌렀습니다.

고민이 될 때는 그냥 해보세요! 각자의 삶을 견뎌내느라 고단하시죠? 애쓰셨습니다. 잘하고 있어요. 어떤 형태든, 애정하는 것을 향한 마음을 포기하지 않는다면 그곳에 다다를 수 있답니다. 부디 자신의 바다를 소중히 여기며 인생이란 항해를 즐기시길 바랍니다.

- 정하연

책방을 차릴 때 지인에게 "책이 너무 많아 감당할 수 없어서 그러냐."는 농담을 들었습니다. 지금도 파는 책보다 들어오는 책이 훨씬 많습니다만 책을 사는 즐거움을 포기할 수는 없습니다.

온라인으로 소통하는 것도 좋지만, 직접 만나는 모임을 선호합니다. 작가와 독자, 모임 회원들과 얼굴을 마주하고 이야기하는 순간이 저에겐 무엇과도 바꿀 수 없는 행복입니다. 그렇게 만난 사람들과 함께 글을 쓰고, 그림을 그리고, 전시를 열고, 책까지 만들게 되었습니다.

블로그와 SNS에 소소한 이야기를 남기다 보니 여러 기관에서 강의 요청이 들어왔습니다. 전국 곳곳을 다니며 그림과 책에 대한 이야기를 나누는 것이 제게는 큰 기쁨입니다. 강의를 하며 쌓인 에피소드를 모아 책으로 내고 싶다는 새로운 목표도 생겼습니다. 기자로 취재하면서 겪었던 일들, 그림과 예술에 대한 얘기 등 쓰고 싶은 이야기가 샘솟습니다.

좋아하는 일을 하다 보니 새로운 일들이 생겨납니다. 삶이 한 권의 책이라면, 저는 지금 가장 흥미로운 다음 장을 써 내려가고 있는 중입니다. 이야기는 앞으로도 계속될 것입니다. 제 삶의 그림책을 여러분과 함께 채워나갈 수 있기를 바랍니다.

- 문순천

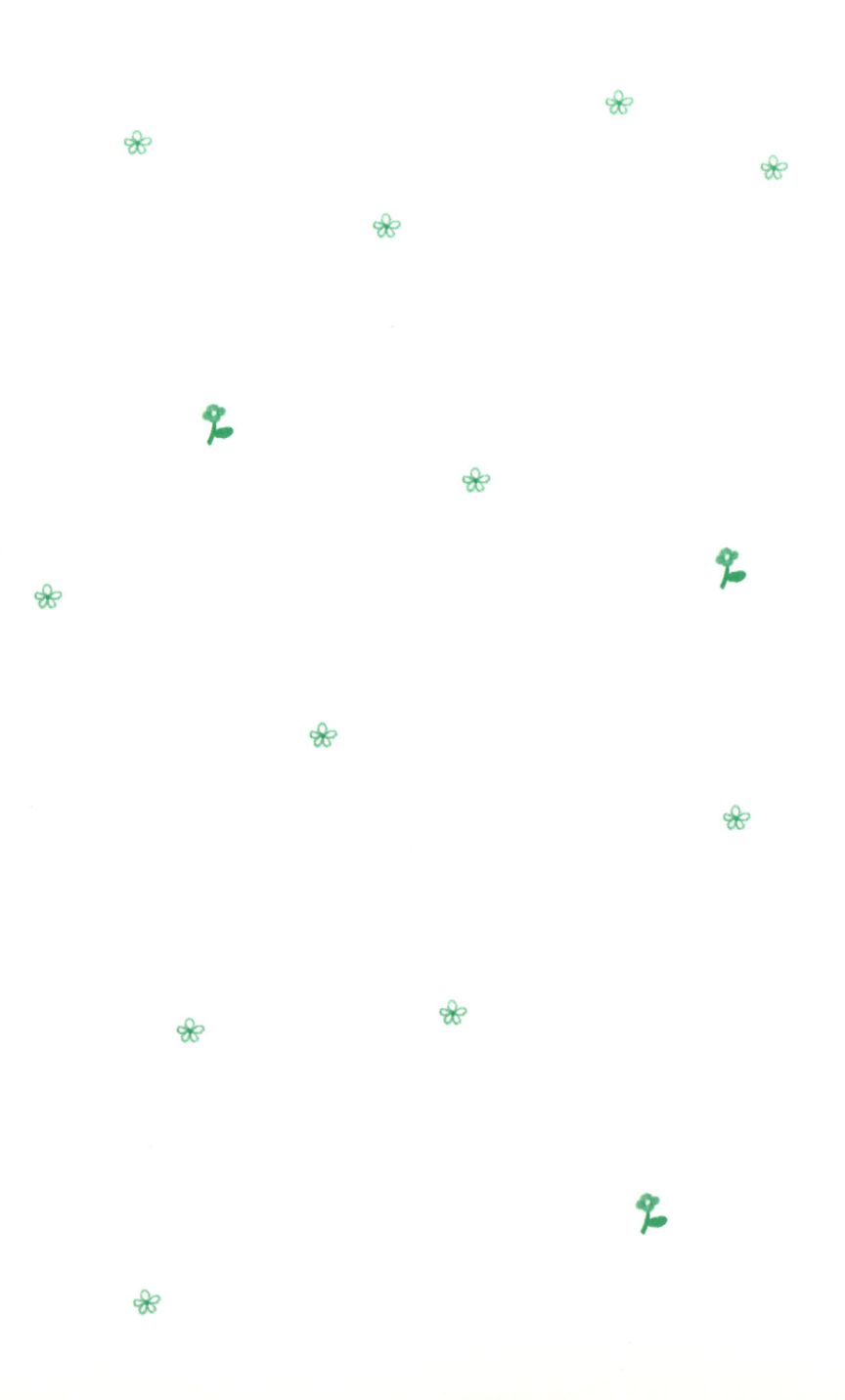

당신의 출근은 안녕하신가요?

초판 1쇄 인쇄 · 2025년 11월 11일
초판 1쇄 발행 · 2025년 11월 19일

지은이 · 이해원 · 서온 · 박혜영 · 신지은 · 문미영 · 오햇살 · 퇴근한PD · 최은혜 · 박혜지 ·
    정하연 · 문순천 · 김민
펴낸이 · 천정한
펴낸곳 · 도서출판 정한책방

출판등록 · 2019년 4월 10일 제446-251002019000036호
주소 · 충북 괴산군 청천면 청천10길 4
전화 · 070-7724-4005
팩스 · 02-6971-8784
블로그 · http://blog.naver.com/junghanbooks
이메일 · junghanbooks@naver.com

ISBN 979-11-991627-4-7 (03810)

- 책값은 뒤표지에 적혀 있습니다.
- 잘못 만든 책은 구입하신 서점에서 바꾸어 드립니다.
- 이 책의 일부 또는 전부를 재사용하려면 반드시 저작권자와 도서출판 정한책방의 동의를 얻어야 합니다.

✽ ✽ ✽ ✽ ✽

❀ ❀ ❀ ❀ ❀